心一堂當代術數文庫 星命類

斗數詳批蔣介石

潘國森 著

書名：斗數詳批蔣介石
系列：心一堂當代術數文庫・星命類
作者：潘國森
主編、責任編輯：陳劍聰、潘國森
心一堂當代術數文庫編校小組：陳劍聰 潘國森 梁松盛 鄒偉才

出版：心一堂有限公司
地址／門市：香港九龍尖沙咀東麼地道六十三號好時中心LG 六十一室
電話號碼：+852-6715-0840 +852-3466-1112
網址：publish.sunyata.cc
電郵：sunyatabook@gmail.com
網上書店：http://book.sunyata.cc
網上論壇：http://bbs.sunyata.cc/

版次：二零一四年五月初版
平裝

港幣 九十八元正
定價：人民幣 九十八元正
新台幣 三百六十元正

國際書號：ISBN 978-988-8266-62-3

香港及海外發行：香港聯合書刊物流有限公司
地址：香港新界大埔汀麗路三十六號中華商務印刷大廈三樓
電話號碼：+852-2150-2100
傳真號碼：+852-2407-3062
電郵：info@suplogistics.com.hk

台灣發行：秀威資訊科技股份有限公司
地址：台灣台北市內湖區瑞光路七十六巷六十五號一樓
電話號碼：+886-2-2796-3638
傳真號碼：+886-2-2796-1377
網路書店：www.govbooks.com.tw
www.bodbooks.com.tw
經銷：易可數位行銷股份有限公司
地址：台灣新北市新店區寶橋路二三五巷六弄三號五樓
電話號碼：+886-2-8911-0825
傳真號碼：+886-2-8911-0801
email：book-info@ecorebooks.com
易可部落格：http://ecorebooks.pixnet.net/blog

中國大陸發行・零售：心一堂書店
深圳地址：中國深圳羅湖立新路六號東門博雅負一層零零八號
電話號碼：+86-755-8222-4934
北京地址：中國北京東城區雍和宮大街四十號
心一店淘寶網：http://sunyatacc.taobao.com

序 1
第一章 英雄軍閥 11
第二章 看命要訣 27
第三章 瑞元無賴 35
第四章 志豈封侯？ 45
第五章 參贊戎機 49
第六章 逐鹿中原 55
第七章 剿共抗戰 75
第八章 退倭失國 81
第九章 「王業」偏安 95
附錄一 陰精入土格 100
附錄二 韋千里批蔣中正八字 109
附錄三 斗數盤 113

序

本書是將舊作《紫微斗數話蔣毛》書中「蔣介石」的部份增訂再版，題為《斗數詳批蔣介石》。原書於一九九五年在台灣出版，脫銷已久，現在重新校對，再次刊行。主要修訂了原書流盤飛星的筆誤，並將所有命盤改為放在書後，以便讀者查閱。並加〈附錄〉，稍為補充。

正如當年在〈自序〉所講，本書是「中等程度的斗數教科書」，星曜的基本性質都從簡，假設讀者已經從其他途徑掌握了解。除了討論蔣介石的命盤格局之外，還介紹大運流年的看法，可以說是「史無前例」的嘗試。

許多朋友學習紫微斗數多年，拿起一個命盤，每每不知從何處入手。對當事人的命格缺乏通盤認識，反而轉入牛角尖；不管是否洽當，便運用師傅的小秘訣去追尋細節。有時甚至令到幾乎所有分析討論都變成悠謬之談！

要能有效地以紫微斗數推算大運流年，有兩個必需條件。

一是懂得將公曆年份轉換成干支，並能快速計算當事人在某年「虛齡」幾歲。本書第二章介紹了用十二地支方盤快速計出某年是何干支，當事人正在行甚麼大運。讀者可參考本書圖二至圖七的介紹。

二是學會「圖象思維」，手上拿著命盤，腦中卻「見到」大運的飛星簡盤。即是手頭上只有本書的圖一（蔣氏的命盤），卻可以因應需要，「見到」圖八至十五的任何一圖。然後才可以再進一步，對當事人某一年大運和流年兩組飛星都瞭如指掌，即是如圖十八以後的各圖。

原作脫稿於一九九四年甲戌，作者亦換了兩個大運，由中年步入老年。俗語謂：「十年人事幾翻新。」又謂：「二十年風水輪流轉。」光陰似箭、日月如梭，轉眼便虛渡了二十多年。

願有志研習紫微斗數的讀者能夠由本書獲得入門途徑，進而助己助人。

潘國森　公元二千一十四年甲午

蔣中正攝於一九一二年壬子，虛齡二十六，紫微斗數命盤剛入壬寅大運。

蔣中正全家合照，攝於民國初年，左起蔣之髮妻毛福梅，蔣母王采玉（所抱小孩為蔣經國），蔣中正。蔣時行壬寅大運。

一九二四年九月八日美國時代週刊以直系軍閥吳佩孚為封面，是首次有中國人成為該刊專題報導之對像。當時輿論頗有認為吳氏有能力扭轉當時中國的混亂局面，時人甚至以關羽、岳飛比擬！一九二六年吳氏因戰敗下野，退出軍政界。

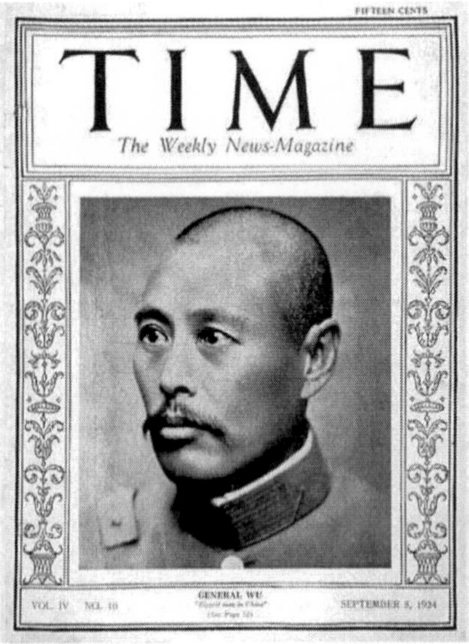

一九二四年甲子，蔣虛齡三十八歲，獲委任為陸軍軍官學校校長，正在癸丑大運。北洋軍閥時代即將結束，迎接蔣中正時代來臨。

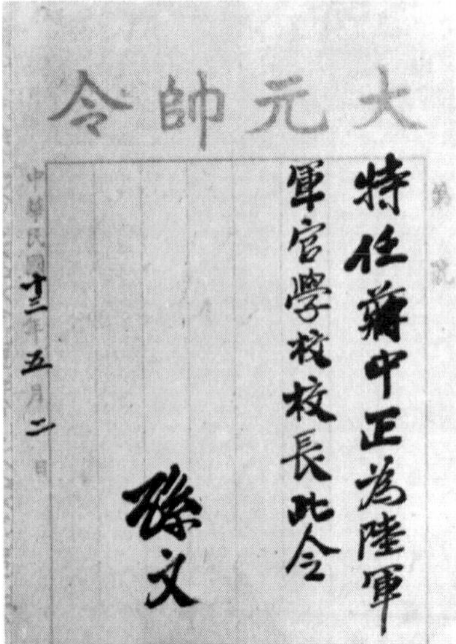
大元帥令

特任蔣中正為陸軍軍官學校校長此令

孫文

中華民國十三年五月二日

國民黨常用宣傳照，坐者為孫中山，後立者為蔣中正。此照用作證明蔣中正是孫中山革命事業的繼承人。

一九二四年合照，中坐者為孫中山，站者左起何應欽、蔣中正、王柏齡。有評論認為上面孫蔣合照為偽造，以此照為底稿，刪去何、王二人以突出蔣。

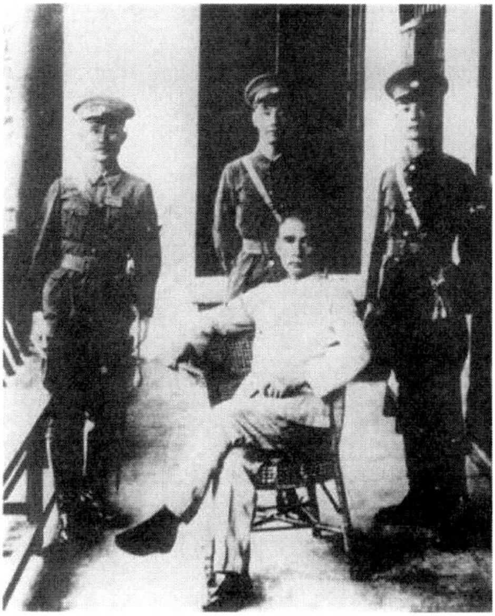

一九二六年丙寅，蔣虛齡四十歲，攝於北伐閱兵儀式，時任國民革命軍總司令。

一九二七年丁卯，蔣虛齡四十一歲，登上美國時代週刊封面，仍在癸丑大運。畫像造型負面，看來美國輿論並未看好蔣的前境。下一年張學良易幟，即是停用北洋政府的五色旗而改用南京國民政府的青天白日滿地紅旗，北伐戰爭完結。中國名義上統一。

一九二九年己巳，蔣虛齡四十三齡。照中左起：「倒戈將軍」馮玉祥、蔣中正、「不倒翁」閻錫山。蔣與馮閻兩人的關係，在紫微斗數命盤中的兄弟宮和交友宮反映。下一年，中原大戰爆發，是中國在抗日戰爭前最大規模的內戰。

一九三一年辛未，蔣虛齡四十五歲，蔣中正與夫人宋美齡再次登上時代週刊封面，是年為癸丑大運最後一年。

一九三七年丁丑，蔣虛齡五十一歲，七月十七日在江西廬山發表《最後關頭》演說，時在壬子大運。演講臺上掛有楹聯：「養天地正氣，法古今完人。」

一九四三年癸未，蔣虛齡五十七歲，與夫人出席開羅會議，仍在辛亥大運。兩年後日本無條件投降。圖中左起：蔣中正、美國總統羅斯福、英國首相邱吉爾、蔣夫人宋美齡。

一九四八年戊子，蔣虛齡六十三歲，就任總統，李宗仁為副總統。傳言蔣故意誤導李以軍服出席，自己則穿長衫馬褂禮服，使李宗仁這個副總統看上去似個副官，以貶李揚己。

一九四八年，蔣中正、蔣經國父子合照。後來蔣經國「父業子承」，曾幾何時，有個別台灣兒童以為「蔣總統」三字為連用的專有名詞！

一九四九年己丑，蔣虛齡六十三，仍在辛亥大運。十月十日，毛澤東在中華人民共和國開國大典上致詞，標致著蔣中正時代終結，毛澤東時代展開。

近年台灣出品的蔣中正小玩偶，造型笑容燦爛，展示出蔣氏一生罕見的喜樂神態。蔣戎馬半生，日常態度端嚴。斗數命盤福德宮巨門化忌為羊陀所夾，精神多受壓力。晚年在台灣事簡，方才較多展露歡容。

第一章　英雄軍閥

命局及性格

蔣中正，譜名周泰，字瑞元，少年時學名志清；成年後改名中正，字介石，以字行。浙江奉化人，一八八七年十月三十一日午時（即清光緒十三年丁亥夏曆九月十五日）生於浙江奉化縣武嶺溪口鎮。一九七五年（乙卯）四月五日在台北士林官邸逝世，享年八十九歲。

紫微斗數論命最重命宮，命宮星系強旺，人生實質運程自佳，許多時甚至可以略為彌補其他宮位的不利；反之，若命宮星系力弱，亦常會減輕其他宮位的吉利。富貴貧賤壽夭智愚之命皆有百多顆完全相同的星曜，此與子平之學不同。子平論命但論四柱八字與陰陽五行的配合，有人命中陰陽調和，五行無缺；亦有人陰陽相戰，五行偏枯。紫微斗數論命則不然，富貴命亦有見羊陀火鈴；貧賤命亦有紫府六吉。富貴福壽，盡在制伏得宜；貧賤殘夭，皆因凶煞逢助。

紫微斗數相傳為北宋陳摶（希夷）所創，依據出生年、月、日、時排出星盤。星盤共分十二宮，即命宮，兄弟姊妹宮，夫妻宮，子女宮，財帛宮，疾厄宮，遷移宮，交友宮，事業宮，田宅宮，福德宮，父母宮。

全部共百餘星分佈十二宮，以諸星吉凶推算一生運程。所有星曜皆與天上星宿無關，僅為一些符號，沒有全吉或全凶，不宜望文生義，妄作臆測。

簡而言之，紫微化氣為尊；天府化氣為庫；天相化氣為印；武曲化氣為財；七殺遇紫微化氣為權；破軍化氣為耗；貪狼化氣為正桃花；廉貞化氣為囚，為次桃花；太陽化氣為貴；太陰化氣為富；天同化氣為福；天梁化氣為蔭；天機化氣為善；巨門化氣為暗。

紫微天府等十四正曜最為重要；其餘依次為祿、權、科、忌四化曜；左輔、右弼、擎羊、陀羅等輔佐煞曜；與及紅鸞、天喜等雜曜。通常左輔、右弼，天魁、天鉞，文昌、文曲，祿存、天馬等主吉；擎羊、陀羅，火星、鈴星，地空、地劫等主凶。

各宮垣除受本宮星曜影響，亦受對宮、三合宮、甚至鄰宮星曜影響。結合各宮星曜方能推算吉凶。子午、丑未、寅申、卯酉、辰戌、巳亥，六組相對；申子辰、寅午戌、亥卯未、巳酉丑，三組三合相會。例如子宮受其他宮位之影響依次為：對宮午宮，申宮、辰宮兩合宮，亥宮、丑宮兩鄰宮。餘此類推。

命盤顯示一生運程，大運掌管十年順逆。大運命宮每運不同，依次逆排大運之兄弟、夫妻等各宮，以推算運內順逆。流年亦然。

推算大運除用命盤原有星曜之外，尚需加上流星。包括流四化、魁、鉞、昌、曲、祿、馬、羊、陀共十二流曜。推算流年則需再加數十流年雜曜。

除紫府日月等十四正曜都有吉凶的兩面性質之外，斗數命盤中的吉星，不外乎三吉化（化祿、化權、化科）、六吉（輔弼、昌曲、魁鉞）與祿馬；凶曜亦不外乎化忌、四煞（火鈴羊陀）與空劫。但是無論是帝皇將相，抑或販夫走卒，每人的命盤都有這些星曜，一生窮通得失，完全在乎配合。倘如吉星得用，凶曜減凶，即可得富貴。

蔣的命盤中的祿權科三吉化恰好一在命宮、一在事業宮而一在財帛宮（圖一）。更需注意的是寅宮無正曜而借入申宮的天同化權與天梁，形成丑宮的紫微破軍被科權夾與輔弼夾，卯宮的天府則為祿權夾。於是除了申子辰三宮得三吉化會照之外，丑卯兩宮又得吉夾，而被夾的分別是南北斗主星（天府為南斗主星，紫微為北斗主星、又為全盤主星），得益更大。左輔右弼最喜夾紫微破軍，命盤上的輔弼既夾丑宮、又照會午申兩宮，可謂兩得其用。而天魁天鉞亦既夾遷移宮的太陽（日生人以太陽為中天主星，夜星人則以太陰為中天主星，任何人的命盤都有南北斗及中天三主星），又照會卯巳兩宮。

又如蔣的福德宮見羊陀夾忌，亦即化忌星與祿存同宮，此時必受擎羊陀羅所夾，是為斗數中較為不利的結構。但是此午宮雖有羊陀夾忌，幸而三方未見火鈴衝破，未算太壞。

然而人生亦無十全十美，蔣的命盤仍有不佳的宮位，如蔣大富大貴的命造，命宮的三方四正與福德宮都不會有太多煞曜，這些煞曜便無可避免的落　入六親宮位。因亥宮無正曜而借巳宮的關係，蔣的兄弟宮、田宅宮與疾厄宮都見火、羊、陀三煞，命盤以亥宮最劣，廉貞貪狼與「折足馬」（即陀羅天馬）、空劫、天刑同度。

蔣的斗數命宮在辰宮，太陰化祿與文昌、鈴星同度，會對宮戌宮（即遷移宮）太陽、文曲；三合宮之一事業宮為天同化權與天梁在申宮；另一三合宮財帛宮則見天機化科與左輔同度。

太陰在辰宮落陷，會祿權科是為「反背」之格，太陰原本主富，落陷的太陰則一般不及居廟旺宮位時為佳，但是反背成格反而得以大貴，此即為「物極必反」的道理。斗數推命一般最喜祿權科會，主多得良好際遇。蔣的命宮為太陰反背的大貴格局，故一生地位崇高，執掌權柄。二十年代北伐之後主宰中國軍政二十多年，政敵每以「獨裁者」、「新軍閥」向蔣攻擊，蔣主觀極強，一生行事可謂乾綱獨斷，權在一人，即使在於四十年代末逐鹿中原、一敗塗地之後，仍得退守台灣，偏安一隅，裂土為「王」。以望九高齡，卒於中華民國總統任內。

斗數名家陸斌兆論此格局謂：

「（太陰）辰宮，名『天常』。喜與屬金之星曜相會，若會照化祿、化權、化科，主為人之領袖，參予戎機，掌握軍警大權，名震四海，此陰精入土之格。」

日生人（斗數以寅時至未時為日，申時至丑時為夜，不以每天太陽真正升降為準）太陰落陷又主不利女親，少年不利母，中年不利妻，老年不利女。此外蔣的命宮亦桃花遍照，雖然不見正副桃花（貪狼為正桃花，廉貞為副桃花），卻有紅鸞、天喜，咸池、大耗。因太陰會昌曲、鸞喜，所以蔣雖以軍功起家，外貌卻瀟灑文秀，少年時更風流英俊；又因有鈴星入命，為人躁烈易怒，性格與外貌不符。

辰戌為「天羅地網」，就連紫微帝座亦不喜入辰戌宮；但是日月光華普照千里，只要有吉星拱照，雖落陷亦不受羅網的羈絆。蔣的命局入格，除了祿、權、科三吉化會命之外，亦得力於文昌文曲對照。三吉化會命的格局最喜一在命宮，一在事業宮，一在財帛宮。如此配置不單這三個宮位都有祿權科會，而且每隔四年就遇上祿權科會的流年，人生自多良好際遇。

蔣的遷移宮在戌宮，太陽落陷會太陰化祿，借會申宮天同化權、天梁，與午宮的羊陀夾忌。蔣為日生人，以太陽為中天主星。凡主星皆喜百宮朝拱，蔣的遷移宮雖不成百宮朝拱，亦有文昌、文曲，紅鸞、天喜與及雙祿朝垣（辰宮太陰化祿與午宮祿存），又得天魁天鉞所夾，故此不畏落陷。綜合各星系可知蔣利於出門求學（命宮遷移宮見昌曲對照），在外多奔波（太陽落陷），多受禮遇（會化祿化權），亦多艷遇（見日月昌曲鸞喜），未發跡前又曾屢次亡命海外（會巨門化忌，鈴星）。

蔣的福德宮在午宮，巨門化忌與祿存同度；對照天機化科；借會天同化權、天梁；太陽；會左輔右弼、三台八座、台輔封誥、孤辰寡宿、文曲。福德宮會化科化權，性格自必主觀，臨事亦鬥志頑強；會三對貴吉星曜，故此一生享用無缺；此為其福德宮的好處。

但是巨門為「暗曜」，需要太陽解暗，偏偏戌宮太陽落陷，解暗乏力，兼且巨門化忌為羊陀所夾，故此蔣的為人凡事親力親為，不能安逸；性格亦多疑多忌，心胸不夠寬廣。故其權位雖高，一生仍受盡精神壓力，容易招怨。雖然領導北伐與抗戰，對於國民政府與國民黨可謂汗馬功高，仍然不能服眾，三次被迫下野。幸而會左輔右弼，為人亦並非全然不能容物，只是性格強橫，可順而不可逆，每每自以為憑其「領袖人格」便可感化頑愚。命宮再見鈴星，主為人行事急燥剛烈，於友儕部下只能懾之以威，不能服之以德；加上內心多疑，人緣自然欠佳。

工作、財祿及產業

蔣的事業宮在申宮，天同化權、天梁會齊祿權科，左輔、右弼，三台、八座，台輔、封誥，文昌，鈴星；吉星雲集而只見一點鈴星，配合命局入格而強旺，自然事業偉大，部屬眾多，這樣的結構，不論從事何種行業，亦必能領導群倫，出人頭地。天同化氣為福，天梁化氣為蔭，但「福」與「蔭」不會從天而降，故此事業雖然偉大，必須白手興家、不由祖蔭，且歷盡艱辛，克服重重困難方能克成大業。

財帛宮在子宮，天機化科會齊祿權科忌四化，亦為雙祿朝垣，吉星則只有左輔、文昌，皆不成對。天機入財帛宮主財來財去，難以積聚。但蔣一生位高權重，根本無須擁有大量私財，一切度支，自有「國家」會鈔。例如發跡後在溪口老家大興土木，自然無須自掏腰包。

近人錢穆（1895-1990）的《國史大綱》論北洋時代（一九一二年至一九二八年北伐完成）的政局謂：「其時則全國無所謂中央，政治無所謂軌道，用人無所謂標準，財務無所謂公私。專就政治情態之腐敗黑暗而論，唐末五代殆不是過。所異者社會情形較不同。」事實上國民政府時代（一九二八年至一九四九年），甚至人民共和國時代（一九四九年至今）亦復如是。

蔣個人的日常享用，比諸一些北洋軍閥、中共高幹而言，算是比較儉約，不過卻縱容妻舅宋子文（1894-1971）、襟兄孔祥熙（1880-1967）與及一眾下屬大肆搜刮。

田宅宮在未宮，天相擎羊對照紫微破軍；會天府、火星；又借會廉貞、貪狼，地空、地劫，陀羅，天刑，天馬。鄰宮一為巨門化忌與祿存在午宮，一為天同化權、天梁在申宮，形成「刑忌夾印」的凶格（天梁為刑）與「財蔭夾印」的吉格（祿存為財、天梁為蔭）相混。對宮紫微破軍被左輔、右弼所夾，成為「輔弼夾帝」的良好結構；但因為借會廉貞、貪狼，形成三煞並照（羊、陀、鈴），再加上空劫，天刑；仍屬凶星多吉星少的格局。

從田宅宮可以看出當事人一生置業的情況，亦可反影其人與所服務的機構之關的關係。

蔣的田宅宮煞太重，故此不守祖業。蔣的祖父蔣斯千（玉表）是奉化溪口的一個小商人，父親蔣肅庵（肇聰）則青出於藍，令蔣家的產業大增，屬於小康。但蔣九歲喪父後兄弟即分家，異母兄蔣錫侯既是長子，又比蔣大十二歲，分得能生財的鹽店，蔣母子只分得一些不甚值錢的田產。而蔣在少年時代一心求學，可說是不事生產，故祖業消磨，一家的生活並不富裕。據說赴日留學時甚至要動用到元配毛福梅的首飾箱。

蔣後來既貴為國民政府主席、軍事委員長和中華民國總統之職，在公帑私財不分的時代，根本無須刻意購置產業，大駕到處自有巨宅華廈以作行轅之用，連死後亦由政府名義撥地興建大型紀念堂。

蔣服務的機構，則以國民黨與國民政府為主。蔣的田宅宮雖有「財蔭夾印」會「輔弼夾帝」，但畢竟煞曜太重，因而動蕩不堪、名不副實。故其服務機構雖曾風光一時，仍不免破敗。計蔣自北伐成功至退出大陸的二十二年間，國民政府的號令其實未嘗有一日能真真正正行遍全國。遷台之後，事權統一，但已變成小朝廷偏安之局。

精神與感情生活

蔣的命宮為太陰會文昌、文曲，故長相英俊，一生易得女性垂青，加上命宮桃花遍照，年紀極輕時便談情說愛。

蔣的福德宮會左輔、右弼，文曲；夫妻宮會右弼，文曲；命宮與此二宮位見六吉星不成對（六吉星中左輔右弼是一對，文昌文曲是一對，天魁天鉞又是一對），主婚姻不止一度，用情亦不專一。蔣的元配為毛福梅，後納姚冶誠、陳潔如，最後娶宋美齡，可考者共此四妻。而蔣少年時風流倜儻，在日、在滬期間亦多艷遇。

紫微斗數其實不能確實算出一個人何時婚配，只能算出當時人何時熱戀、何時有成婚的機緣。由蔣的命宮可以算出他可以早婚，但時代不同、制度不同，「早婚」的定義就有很大的變化。舊社會流行早婚，以第二個大運為適婚大運，蔣婚配特早，在第一個大運已成婚，其時為一九〇一年（蔣時年十五歲、實齡約十四歲）。今天只有極少數社會容許如此幼童結婚，現今社會一般人的適婚大運以第三個大運居多，習命學者不可一成不變。

出身與六親

蔣的父母宮在巳宮，廉貞、貪狼會武曲、七殺，紫微、破軍。明版《紫微斗數全書》論父母宮，有謂：「廉貞，難為父母，棄祖重拜；貪狼同，早刑。」又謂：「貪狼，陷地早棄祖、重拜、過房、入贅；廉貞同，早刑。」故此凡廉貞貪狼同宮（必在巳亥二宮）為父母宮，即使煞輕亦具備了早剋的條件，三方更會天魁、天鉞，地空、地劫，陀羅，天馬與及天刑，天虛，破碎，蜚廉等雜曜，故主刑剋。貪狼為正桃花，廉貞為次桃花，二者同時落陷，本宮會殺、破、狼又煞重，父母必有不尋常之處，但會齊天魁、天鉞對星，故不主兩重父母。事實上蔣的父母各自有多過一次婚姻。蔣父元配徐氏早亡，生一子一女，再娶孫氏又早亡，後娶王采玉為繼室，生蔣中正。王采玉之前曾嫁俞某，夫早亡後帶髮修行，後再嫁蔣父為繼室。

近人嚴慶澍（筆名唐人）著有《金陵春夢》一書，謂蔣本為河南鄭氏子，隨母改嫁蔣肇聰。另外還有一種說法謂「中正」即是「宗鄭」或「中州鄭氏」的諧音；而「介石」則是對河南許昌鄭家門前的一塊大石「介意難忘」云云。據近年中國大陸學者在奉化實地考察所知，絕無其事。蓋嚴氏書成之時，中共將蔣定性為「人民公敵」，對其大肆醜詆，雖然說英雄莫問出處，但譏蔣為「油瓶」與不認「親兄」，亦有損其形象。

如果要拿蔣成年後自己起的名字來做文章，那麼或可從《周易》之中找得到。《易．豫．六二》：「介于石，不終日，貞吉。」《易傳．小象．豫六二》：「不終日，貞吉。以中正也。」《周易》六十四卦每卦六爻，初二三在下卦，四五上在上卦；二爻在下卦之中，五爻在上卦之中，故此凡二五爻皆為得中。陽爻為九，陰爻為六；陽爻陽位，陰爻陰位，皆為得正。故此凡六二與九五爻都是既中且正。蔣在十四歲時從毛鳳美學《易》，這些易學中最粗淺的道理，蔣當然懂得。但是《周易》有很多既中且正的爻，為何要選這一爻呢？答案或可從卦辭中得到，《易．豫》：「利建侯行師。」對於自少就喜歡打仗的蔣來說，自然甚合筍頭了！

蔣的父母宮主有刑剋，太陰在命又不利女親。太陽太陰同時落陷，雖然太陰與鈴星同宮而太陽沒有煞星同宮，但因太陰化祿可以減凶，而第一個大運太陽化忌照命，故先剋父，父親早喪自然不利於母。又因會天魁天鉞對星，故得母親庇蔭，國民政府「史官」寫道：

「公九歲失怙，鞠養顧復，唯王太夫人是依，盛德大業，炳炳麟麟，得力於母教者獨多。」

蔣的兄弟宮在卯宮，天府、火星對武曲、七殺；三合宮會天相、擎羊；廉貞、貪狼，陀羅，天馬，地空、地劫。見天刑，天虛、天哭等凶曜。亦有天魁、天鉞，龍池、鳳閣，恩光、天貴，天福、天壽，是為百官朝拱。天府無祿而見煞，是為「露庫」，兄弟姊妹雖多，刑剋亦重。計有異母兄姊各一，同母則有一弟二妹，當中一弟一妹早夭。蔣的兄弟宮見天魁、天鉞對星，故其非為庶出，不算是兩重父母，蔣母雖為繼室，依宗法制度言仍屬於正妻，非妾侍可比。

因有火星在兄弟宮而煞重，故兄長蔣錫侯生性暴躁，亦主不得長兄蔭庇，又因有天壽同度，兄弟間年齡相距較大，正曜雖為天府，仍比兄長年輕十二年。

蔣的夫妻宮無正曜，借天同化權、天梁入度，星系浮蕩。會午宮的羊陀夾忌，又見孤辰、寡宿，命宮又不利女親，妻緣較薄。對於毛福梅、陳潔如（姚冶誠從來不曾有過「蔣夫人」的身份）更是「可共患難而不可共富貴」。因有天同化權，主妻子得掌威權，此則應之於宋美齡。宋出身豪門，長姊靄齡嫁予山西財閥、孔子後人的孔祥熙為妻；次姊慶齡更為革命領袖孫文之繼室，有「國母」之稱；地位遠非毛福梅、姚冶誠、陳潔如諸女可比。宋又曾留學美國，精通英語，婚後成為蔣在外交上的得力助手。蔣宋結合之時蔣的地位崇高而又年事已長，自不能如少年時一般的不羈，加上宋對蔣的助力極大，又是有教養、上得台盤之人，故蔣亦不再生異心。蔣在生時蔣夫人宋美齡「母儀天下」，蔣去世後對台灣政局仍有極大的影響力，只在蔣經國，蔣孝武父子去世後才不得不淡出政治舞台。

蔣的子女宮在丑宮，紫微破軍對照天相，會照武曲七殺，廉貞貪狼。這一組星系有左輔右弼與三台八座同夾，《太微賦》謂：「輔弼夾帝為上品。」除此之外尚需留意寅宮，因寅宮無正曜，借申宮天同化權、天梁入守，形成丑宮得科權夾，《骨髓賦》謂：「夾權夾科世所宜。」加上對宮天相為財蔭夾，子女宮強旺可知，富貴可期。經過刻意安排，長子經國成為中華民國總統，「繼成父業」。次子緯國則長期掌握軍權，即使現在對台灣的軍方仍有一些影響力。即是一子為「蔣總統」，一子為「蔣將軍」。

但其子女宮亦有不吉之處，三方會齊擎羊，陀羅，地空、地劫，天馬，還有天刑，天虛、天哭，蜚廉、破碎等等不吉的雜曜，天相又為刑忌夾，刑剋甚重。

紫微破軍守子女宮一般可有三子，煞重則長子有刑，亦可能有不是親生的祀子，據說毛生長子經國之前，曾經懷孕，因蔣向妻動粗而致小產云云。次子緯國則非親生，實為戴傳賢（1890-1949）與一日本女子所生，蔣當時因反帝制之役，亡命日本，戴氏以家有惡妻而小星珠胎暗結，勞煩蔣「捱義氣」代為撫養，交由妾侍姚冶誠照料，情同親生。另外與陳潔如則有一養女。

人際關係

蔣受命宮的鈴星與福德宮的羊陀夾忌影響，性格主觀、暴燥、多疑，人際關係自必欠佳。

斗數中父母宮除了顯示當事人與父母間的關係之外，亦可反映其人與上司的關係。蔣的父母宮見廉貞貪狼，主感情基本上良好；會天魁天鉞，主得上司提拔；陀羅、天馬同宮為「折足馬」，再加地空、地劫，故此提拔他的上司（如孫文）空自奔波，成就反而不及他本人的甚遠。在國民黨中，算得上是蔣的上司除了孫文之外只有許崇智（1887-1965）；胡漢民（1879-1936）、汪兆銘、廖仲愷（1877-1925）等人，在黨內的資歷都比蔣為高，三十年代之前曾經是蔣的上司；而林森(1867-1943)任國民政府主席之時亦然。

孫一生為革命奔波，晚年多次北伐都半途而廢，有如諸葛亮「六出祁山無寸土」；許崇智本為孫麾下最為倚重的一員嫡系大將，一九二五年蔣借廖仲愷被刺一案，乘機解除許的兵權，許從此退出政壇，在香港作寓公。三十年代胡、汪二人多次欲與蔣爭權，都因沒有槍桿子的支持而終歸失敗，汪更於抗戰期間投日，晚節不保。

蔣在北伐成功之後尊孫文為「國父」，並以其繼承人自居，大搞個人崇拜，甚至連孫的墳墓亦以「陵」稱。六、七十年代台灣出版的一些如《歷史上一百個偉人》或《歷史上一百個哲學家》之類的少年普及讀物，每以孫排第九十九，蔣則排第一百。

因福德宮見輔弼而父母宮見魁鉞，故蔣對許胡這兩個老上司亦頗念香火情緣，二人在香港隱居時，蔣仍以公帑支付二人的生活費用，沒有把他們「鬥垮鬥臭」，可算是秉承北洋軍閥的「良好傳統」，對自願或被迫下野的政敵永不趕盡殺絕。

兄弟宮則可以顯示當事人與平輩友人或同事的關係，蔣的兄弟宮火、羊、陀三煞會照，更見空劫、天刑；

天府、天相、武曲七殺、都要得祿為佳而會不上化祿或祿存，刑剋極重。雖有祿權夾（寅宮借入天同化權），會天魁天鉞而百宮朝拱，故平輩友人多貴顯，但有助力的見刑剋（如陳其美1878-1916），不刑剋的反而多爭奪（如汪兆銘、馮玉祥1882-1948等）。而蔣對此類手下敗將仍留有餘地，如閻錫山（1883-1960）、馮玉祥等人在抗戰期間仍掛有戰區司令長官的銜頭。

交友宮反映當事人與下屬的關係，對於政治人物至為重要。蔣的交友宮在酉宮，見武曲、七殺坐守，對天府，會紫微破軍、廉貞貪狼。武曲剛剋，七殺動蕩，二者都需要祿來化解，三方卻不見一點祿星，反而會上火星、陀羅、地空、地劫、天刑，破碎等凶曜，故主部下不得力。

兄弟宮與交友宮都有大缺點，更令蔣少有心腹，事事非親力親為不可，原本應該倚為肱股的「金蘭」、同袍、下屬，每於緊急關頭倒戈相向，遂至變生肘腋，功敗垂成。方面大員如張學良（1901-），閻錫山，李宗仁（1890-1969），馮玉祥，傅作義（1894-1974）等輩都曾叛變。有些幾經艱辛，一一敉平，亦有不能解救，致令全局瓦解。

子女宮則可以反映當事人與門生弟子的關係，蔣為黃埔軍校的校長，黃埔系的國府將領許多都是蔣的門生。子女宮為輔弼夾帝，故門生人材鼎盛，但以遲得者方成助力。

第二章　看命要訣

流化流曜

斗數中的流曜最重要的是祿權科忌四化，祿馬，羊陀，魁鉞，昌曲，合共十二星。此十二星一般已足應用，本書對其餘次要的流曜就不作討論。

十干化曜必須熟記，共十訣，每一天干之後依次為化祿、化權、化科與化忌。可當做十句五言詩記憶，茲臚列如下：

甲——廉破武陽

乙——機梁紫陰

丙——同機昌廉

丁——陰同機巨

戊——貪陰陽機

己——武貪梁曲

庚——陽武府同

辛——巨陽曲昌

壬——梁紫府武

癸——破巨陰貪

祿，羊陀，魁鉞五流曜仍依大運流年的天干佈置，與命盤的排法一樣；天馬則依地支佈置。命盤的昌曲依生時定位，但是流昌流曲則依天干，另有法則，現列表如下：

天干	流昌	流曲	流魁	流鉞	流祿	流羊	流陀
甲	巳	酉	丑	未	寅	卯	丑
乙	午	申	子	申	卯	辰	寅
丙	申	午	亥	酉	巳	午	辰
丁	酉	巳	亥	酉	午	未	巳
戊	申	午	丑	未	巳	午	辰
己	酉	巳	子	申	午	未	巳
庚	亥	卯	丑	未	申	酉	未
辛	子	寅	午	寅	酉	戌	申
壬	寅	子	卯	巳	亥	子	戌
癸	卯	亥	卯	巳	子	丑	亥

流馬依地支佈置，申子辰在寅；寅午戌在申；巳酉丑在亥；亥卯未在巳。

干支紀年

要能快捷準確的推算細節，除了要認識諸星系入十二宮的意義之外，十干四化及各種流曜的分佈必須爛熟，干支紀年亦然。否則亦要自備簡表，以便即時查閱。

比如說要研究國共內戰時蔣中正的流年，就必須要知道一九四五年歲次乙酉，一九四六年歲次丙戌，一九四七年歲次丁亥，一九四八年歲次戊子，一九四九年歲次己丑等等。

中國自古以干支紀年（亦可紀月日），取義於樹木的幹枝，干即是幹，支即是枝。所有中國傳統推算祿命的術數皆以干支紀年，現代社會習用公元紀年，兩者的換算不可不知。

十天干為：甲乙丙丁戊己庚辛壬癸。十二地支為：子丑寅卯辰巳午未申酉戌亥。天干甲丙戊庚壬為陽；乙丁己辛癸為陰。地支子寅辰午申戌為陽；丑卯巳未酉亥為陰。陽干配陽支，陰干配陰支，兩不相混。天干地支各有深意，前人以十二種動物代表十二地支，以便記憶，即子鼠，丑牛，寅虎，卯兔，辰龍，巳蛇，午馬，未羊，申猴，酉雞，戌犬，亥豬；俗稱十二生肖。天干以甲為先，地支以子居首，每六十年周而復始。天干十年一循環，又稱「一旬」（此外十日亦稱一旬，比較為人熟知）；地支十二年一循環，又稱「一紀」。

六十甲子即：

甲子	乙丑	丙寅	丁卯	戊辰	己巳	庚午	辛未	壬申	癸酉
甲戌	乙亥	丙子	丁丑	戊寅	己卯	庚辰	辛巳	壬午	癸未
甲申	乙酉	丙戌	丁亥	戊子	己丑	庚寅	辛卯	壬辰	癸巳
甲午	乙未	丙申	丁酉	戊戌	己亥	庚子	辛丑	壬寅	癸卯
甲辰	乙巳	丙午	丁未	戊申	己酉	庚戌	辛亥	壬子	癸丑
甲寅	乙卯	丙辰	丁巳	戊午	己未	庚申	辛酉	壬戌	癸亥

清宣統三年辛亥，革命黨人在武昌起事（公曆十月十日，夏曆八月），兩個月後孫文、黃興（1874-1916）、陳其美、宋教仁（1882-1923）等在上海組織共和政府，選出孫文為臨時總統，會中通過了孫的提議，改行陽曆，以翌年一九一二年為中華民國元年。官方雖行陽曆，民間用的夏曆仍通行不廢。

公元（舊稱西元）以耶穌出生為據，其出生前為公元前（英文為 before Christ，即「基督生前」，簡寫為 BC），其出生後為公元（拉丁文為 anno Domini，意即「我主之年」，簡寫為 AD）。

中西兩種紀年方法全無關係，歲首更有偏差。公元雙數年份反而必為夏曆陽年，單數年份必為陰年。

有些特別的年份可以幫助記憶，如：

一・最近的一次甲子年是一九八四年；

二．天干方面，凡公元年份為四屬甲干、凡〇屬庚干；

三．地支方面，本世紀內的年份如最後兩位可被十二除盡，是年必為子年，如一九一二、二四、三六、四八、六〇、七二、八四、九六等；

四．如公元年份可被十二除盡，是年必為申年，如一九九二。

如要自行計算，只要熟識天干地支的陰陽次序，及知道任何一年的公元年份的干支即可，借用十二地支方盤更為方便（見圖二）。

一九九四年是甲戌，填上天干及年份，即可順數未來年份或逆數過去年份，如前後各五年的干支（見圖三）。

但逐年數太慢，以天干十年一循環，更為方便。如某人一九四三年出生，先從圖三得出一九九三年癸酉，要知十年前的干支，可逆數十宮，亦即順數兩宮（見圖四）。跟著依次順數兩宮，得一九四三年癸未（見圖五）。

例如北京申辦公元二〇〇〇年奧運不成，有人謂可申辦公元二〇〇四年的一屆，二〇〇四年的干支即為甲申（見圖六）。

中國人一般都只知道自己的生肖，用十二地支方盤亦可輕易算出公元年份與干支。如某人於二次大戰之前出生，生肖屬豬，由於辛亥革命在一九一一年，再加十二兩次，可知此人當在一九三五年乙亥出生。

又如一位年輕的「女強人」，生肖屬羊，依圖三數至辛未，再減十二兩次即可得一九六七年丁未（見圖七）。

初學者或需畫出方盤，熟習後就可以自行在任何命盤上默數，不必再另畫。

論命捷法

蔣的命格大貴，究竟在何時發跡、何時破敗呢？檢視命盤，只需找出開創的大運或破敗的大運即可（圖八至十六）。

由是粗略觀之，可知蔣在癸丑運可有重大發展而在辛亥運則需防破敗。

為甚麼可以確定蔣於癸丑大運發跡而不是之前三個大運呢？我們只需檢查一下各大運的四化與流曜有無有加強原來宮位的吉利，再加一點簡單推理便可即時得一大概。

甲辰運年紀太少，兼且甲運太陽化忌照命，對原局的祿權科並無良好的影響。癸卯運天府守命而煞重不見祿，有吉曜而無吉化；壬寅運借天同化權、天梁化祿，則有吉化而無吉曜；二者都不是開創的運程。

癸丑運命宮紫微破軍（圖十一）而得科權夾、輔弼夾，已具備極強的開創性，癸運破軍化為祿星，更是錦上添花，雖有大運擎羊同宮，不過是競爭激烈而已。蔣的癸丑大運管三十六至四十五歲，即由一九二二年壬戌至一九三一年辛未。這十年是抗日戰爭前中國戰禍最烈的十年，先是北方有兩次直奉之戰；繼而一九二五年孫文逝世；二六年國民革命軍誓師北伐；二七年國民政府寧漢分裂，蔣在上海清共；二八年張學良易幟；二九年新桂系與馮玉祥的「護黨救國軍」等先後向蔣挑戰；三〇年又有民國以來規模最大的「中原大戰」和第一次圍剿江西紅軍；三一年又發生廣東獨立，石友三（1892-1940）叛變，第二、三兩次圍剿，九一八事變和一二八事變（一九三二年一月二十八日未過農曆正月初一，仍作辛未年算）。除了三次圍剿紅軍師老無功而九一八事變又採「不抵抗政策」之外，蔣在各場內戰中可謂所向無敵。

認清命盤顯示發跡的大運，再看看有沒有經行大運同宮的流年，如果流年的四化加強原來宮位的氣勢，則此一流年便需留意。由此可知蔣飛黃騰達的一年在於一九二五年乙丑，流年命宮見紫微化科（圖二十三），自然加強了紫微破軍星系的開創力，更妙的是天機流年化祿而天梁流年化權，於是流年四化中祿權夾命，衝起本命四化的科權夾和輔弼夾，被夾的又是紫微破軍，這一年不單是癸丑大運中最佳的流年，甚至可以說是蔣一生中最佳的機遇。

證諸往事，則蔣於此年藉廖仲愷遇刺一案奪取許崇智的兵權，成為其日後逐鹿中原的資本。前一年一九二四年甲子，出任黃埔軍校校長，鞏固了自己「江浙派」的班底，故能乘時而起，繼承了南方國民黨的「革命事業」。接下來的幾年雖在驚濤駭浪中奮鬥，仍得運籌帷幄，步步高陞。

蔣的命盤上以亥宮最劣，故需防大運經行亥宮時有破敗。蔣於五十六至六十五歲行辛亥大運，即一九四二年壬午至一九五一年辛卯。眾所周知四二年以後抗日戰爭陷入膠著狀態，半壁江山，士氣日漸低落，四五年日本投降，四九年中華人民共和國成立，國民政府遷台，是為蔣權位大退的十年。

辛亥大運命宮無正曜，借巳宮廉貞貪狼入度（圖十三）。三方既不見大運的四化，亦不見流羊、流陀。但文昌化忌於辰宮，與午宮的巨門化忌形成雙忌夾命的不利結構。原命盤的亥宮本有三煞會照的「折足馬」，再加雙忌夾命故奔波無成，必生破敗。

既知辛亥大運不佳，即需檢視大運中有沒有經行亥宮的流年，如果流年又碰上不利的四化或流煞則可斷定是年為破敗之年。當然流年與大運同宮未必一定是有重大事故的流年，有時甚至在大運十年中並無年運重疊的流年，不可一成不變。

一九四七年丁亥，蔣是年六十一歲（圖三十四），流年巨門化忌於午宮，此一巨門在本命化忌、大運化祿而流年再化忌，化祿的力量有等如無；流年與大運同宮而流羊入未宮、流陀入巳宮，衝動原局的羊陀，一起會入亥宮。亥宮無正曜，借巳宮廉貞貪狼入命，而巳宮又受巨門化忌與文昌化忌夾、三煞照，三方所會的又是空露的天府和兩重刑忌夾的天相，焉能不一敗塗地？

一九四八年流年戊子，天機化忌會文昌化忌及巨門化忌。天機化忌主失計，是年國共進行平津、遼瀋、淮海三大會戰，但敗局於一九四七年已成。

第三章　瑞元無賴

甲辰運（六至十五歲，西元一八九二年至一九零一年）

列強宰割

蔣中正出生在清末中國受列強宰割的時代。一八九四年（清光緒二十年）中日甲午之戰中國大敗，標誌著自咸同以來數十年的「洋務運動」徹底失敗，蔣時年八歲。（咸指咸豐，是清文宗的年號，共十一年，由一八五一至一八六一；同指同治，是清穆宗的年號，共十三年，由一八六二至一八七四。）孫文於是年上書李鴻章（1823-1901），條陳救國大計，李鴻章沒有接納，孫文遂在檀香山設立興中會。此後多次革命起事失敗。

一八九八年戊戌維新，慈禧太后意欲廢光緒帝而另立新君。譚嗣同（1865-1898）欲召當時在天津小站訓練新軍的袁世凱（1859-1916）保駕，袁卻密告慈禧，譚嗣同等六君子被誅，康有為（1858-1928）、梁啟超（1873-1929）亡命海外，變法遂以失敗告終，蔣時年十二歲。一九〇〇年庚子拳禍，招致八國聯軍之役，京畿被難，東南督撫自保，不奉朝廷命令，下開民國督軍割據之例。一九〇一年簽訂辛丑和約，國更不成國，十五歲的蔣中正於是年娶妻，結束了他的童年時代。

局與虛齡

蔣的斗數命局為火六局，六歲上運。斗數以十年為一大運，所謂大運，並不是一般人心目中的「行大運」，常有人以為「行大運」就是「好運」。

人生在世是的幾十年雖然連貫，但仍可粗略分為幾個偕段。中國舊社會一般以三十歲前稱少年，三十至五十稱中年（或稱壯年），五十以後則屬老年。「面相學」就是以上停主少年運，中停主中年運，下停主晚年運。當然這是個最粗略的劃分。

其他傳統術數亦將人生劃分為若干個片段，即是所謂大運，大運有吉有凶，並非所謂「行大運」。紫微斗數每一個大運十年，依首次上運年齡而分，有所謂水二局、木三局、金四局、土五局和火六局五種。

中國傳統術數以「虛齡」計算，即是所謂「過一年，大一歲」。有人以為「虛齡」算法不合理而且「唔抵」，其實中國人向來就這樣計算年齡，要知任何一種風俗習慣，皆有其背後的精神所在，只因為近代引入西方的算法，才將原來的算法稱為「虛齡」；更有甚者許多人只讀洋書，不識國粹，便說這個算法不「合理」。又有人自作聰明以為虛齡的算法是加上在母體中的十月懷胎，若然如此則應加大十個月，而不應「過一年，大一歲」了。

其實「虛齡」亦有許多好處，計算年歲時跟本無需考慮當事人的出生日期；在歷史研究上編撰個人年表又比較準確，只要知道當事人的年歲，即可計算出事件發生的年份，用「實齡」反而不便。

例如知蔣九歲（虛齡）喪父，即可計出蔣父於一八九五年逝世（確實時間為是年農曆七月初五，即西曆八月二十三日）。蔣於農曆九月出生（西曆十月三十一日），喪父時實齡未足八歲，以「實足年齡」計算，則為七歲另九個多月喪父。如不知事發月份，僅謂蔣「實齡七歲」喪父，就只知蔣父於一八九四年十月間至一八九五年十月間逝世，反而連事發年份都攪不清了。

西方亦有人用「虛齡減一歲」來撰寫年表，這個做法現於中國大陸甚為流行，用於蔣則變成「八歲」喪父，即以一八八八年為一歲，可是在出生後而未過年之前的幾個月便成「零歲」了，假使在這幾個月中有甚麼要事發生，就說不上當事人的歲數了。

假如牽涉法律責任，當然以實足年齡計算比較公平，但是「分身家、領遺產」之類牽涉權益的事情，就以「虛齡」划算得多了。

五年童限

斗數算童限訣為：「一命二財三疾厄，四歲夫妻五福德。」蔣的命局為火六局，一至五歲依上訣推算。即一歲以本命宮推算，流年天干屬丁，仍照丁干四化，即是太陰雙化祿守命。兩歲流年戊子，以原局財帛宮作流年命宮，再以戊干四化同參，是年為天機化忌衝化科守命，餘此類推。

蔣天盤命宮有鈴星，幼年時即性烈如火，雖有文昌文曲會照亦不能化解。日常行事如暴虎憑河，屢遭厄難。幸而福大命大，每次皆能化險為夷。其所撰《先妣王太夫人事略》有謂：

「中正幼多疾病，且常危篤；及癒，則又放嬉跳躍，凡水火刀梏之傷，遭害非一，以此倍增慈母之憂。及六歲就學，頑劣益甚，而先妣訓迪不倦，或夏楚頻施，不稍姑息。」

蔣於四歲除夕夜因為好奇，持竹筷探喉，以測喉嚨深度，竹筷深入至沒，幸得不死。五歲時於中秋夜，與家人在院中賞月，蔣欲入水缸捉月，倒栽缸中，幾至沒頂！陳布雷（1890-1948）所編《蔣介石先生年表》在辛卯五歲一條，記曰：

「王太夫人以公好嬉，尤樂水，憂之。請於玉表公，早送入塾。」

此所謂「樂水」，非「智者樂水」之「樂水」，實為頑童年幼無知闖禍而已。

大運看法

蔣中正得享高壽，在第九個大運方才逝世，為方便討論，現將各運的流盤列出（圖八至十七，次要的流曜從略），初學者研究命造亦應如此，待熟習後即可默數。

蔣第一個大運為甲辰大運，大運十二宮與本命十二宮完全相同，天干屬甲，甲干四化為廉貞化祿（在父母宮），破軍化權（在子女宮），武曲化科（在交友宮）與太陽化忌（在遷移宮）。於是就有本命與大運兩組四化，互相交涉，此時命盤上其餘各宮的天干都無作用，可置之不理。此外甲干流祿在寅，流羊在卯，流陀在丑，流魁在丑，流鉞在未，流昌在巳，流曲在酉；辰支流馬在寅（圖八）。天盤星曜再加上大運的流曜就可以推斷出許多細節。

大運福德宮為羊陀夾巨門化忌，會戌宮太陽化忌（甲運）；三方會左輔右弼與文曲。會對宮天機化科；寅宮借天同化權、天梁；原局巨門化忌，落陷的太陽已化解乏力，大運更見太陽化忌，加強不利。故此蔣此時十分頑皮，讀書不甚用功。其所撰《先祖玉表公行狀》有謂：

「……中正年僅七齡，跳舞下坡，忘其所以，失足墮阬谷，破傷右額，血流注不止……」

蔣於年幼時已顯露出強烈的領袖慾，常與小友們效軍隊作戰為戲，奮不顧身，常頭破血流。而且每次都要作主帥，不肯居於人下，又好求勝，不肯落敗。據其幼年玩伴所言，蔣「萬事要人相讓」，「不給他當頭，就要放無賴」，故多有不歡而散。蔣有一渾號叫「瑞元無賴」，其賦性強橫可知。陳布雷於七歲癸巳一條，記曰：

「仍就讀家塾，課餘與群兒嬉戲，好作軍隊戰鬥狀，自為大將部勒指揮之。

十三歲時老師姚宗元以竹為題，命蔣作詩，得「一望山多竹，能生夏日寒。」之句，甚得姚的讚許。

流年看法

中國自古以干支紀年（並紀月日時），十天干（甲乙丙丁戊己庚辛壬癸）、十二地支（子丑寅卯辰巳午未申酉戌亥）依次流轉，每數六十之後周而復始，故術數中有「流年」之稱。

蔣六歲上運，適值流年壬辰（一八九二），流年命宮即在辰宮，也就是流年十二宮剛好與本命及大運的十二宮完全重疊。流年流盤除了受本命與大運兩組四化影響之外，再要受流年四化影響，即天梁化祿（在事業宮），紫微化權（在子女宮），天府化科（在兄弟宮）與武曲化忌（在交友宮），此外再加是年的流祿流馬等流曜，合共有本命、大運、流年共三組。推算流年之時，需以大運同參，各宮的天干亦無需理會，只要熟記大運與流年的干支即可。

七歲流年癸巳，即一八九三年。流年命宮即在巳宮，十二宮依次流轉，午宮為流年父母宮，未宮為流年福德宮，如此類推。癸干破軍化祿（在流年財帛宮），巨門化權（在流年父母宮），太陰化科（在流年兄弟宮）與貪狼化忌（在流年命宮）。

八歲流年甲午，流年命宮在午宮，父母宮在未宮。

甲辰運共管十年，如是者至辛丑年十五歲為止。到一九〇二年壬寅十六歲，始交入癸卯大運。

初學者仍可依（圖十七）列出大運十年的流年命宮、年份、干支、一併列清，可幫助佈置流年飛星。略為熟習後就不宜再用，應自行默數年份，以免混亂。

父死分家

蔣甲辰大運太陽化忌會命，父星不利。原局父母宮原本不佳，雖然父母宮大運見祿權科會（廉貞化祿，破軍化權，武曲化科）及流昌流曲，但亦有大運陀羅飛入丑宮，衝起本宮陀羅，地空、地劫，天刑，更見天巫（遺產之星），故有刑剋。祿權科會僅主得父母寵愛，父親蔣肇聰的事業與名譽地位進步。

既知此一大運之中不利父親，就需留意戌宮的太陽化忌，在那一年被流四化與流煞衝起。如適值為流年的命宮、父母宮或田宅宮，則父親可能於此年出事，此外亦需留意流年父母宮吉凶。現以蔣父死之年為例，逐年推斷。

一八九三年壬辰，蔣時年六歲，本命、大運、流年的十二宮都重疊。流年紫微化權在子女宮、武曲化忌在交友宮，一同會入父母宮，但父母宮又會大運的祿權科，故一點武曲化忌，不足為患。

七歲癸巳，流年貪狼化忌在命，父母宮巨門化權（癸年）衝化忌，會寅宮大運流祿、子宮流年流祿，左輔右弼；因有重重祿星化解，雖見太陽化忌（甲運），午宮原來的「羊陀夾忌」未有惡化。

八歲甲午，太陽雙化忌在事業宮，故對父親影響不大。如在命宮，則需視父母宮煞重與否。是年父母宮為未宮的天相，在甲運甲年借會廉貞雙化祿，紫微及破軍雙化權，大運流年疊兩重天魁天鉞，故亦不妨父。

九歲乙未，流年命宮在未（圖十八），田宅宮太陽化忌（甲運）會太陰化忌（乙年），大劣，於父母皆有不利。流年父母宮見天同天梁，雖有本命祿權科會，及流年祿（天機）、權（天梁）、忌（太陰），但乙干流羊在辰、流陀在寅，加上鈴星，為三煞並照，配合父母宮的不吉。蔣父於是年得時疫逝世，父親早逝，自然不利母親。

然而紫微斗數亦非萬能，不能說蔣一定於是年喪父，但以後幾年父母宮仍不佳，故此即使是年得以不死，其父仍恐不能捱過甲辰大運。

如一八九六丙申，父母宮（酉宮）武曲七殺會四煞，及廉貞化忌。一八九七丁酉，父母宮（戌宮）太陽化忌會巨門雙化忌。一八九八戊戌，命宮太陽化忌，父母宮廉貞貪狼，會四煞，又有天刑，天巫同度。

弟妹夭折

蔣原局對的兄弟宮在卯宮，為「露庫」的天府而三煞空劫天刑會照，又有大運擎羊同度，故主刑剋，甲辰運內一弟一妹夭亡。

壬辰六歲妹瑞菊生，旋夭。是年兄弟姊妹宮在卯，原局天府會三煞，甲運流羊入卯宮，壬年武曲化忌在酉宮正照，故有刑剋。

戊戌十二歲弟瑞青夭，年僅四歲。是年兄弟姊妹宮在酉，原局武曲七殺會火星、陀羅空劫，再會大運羊陀（甲運流羊在卯，流陀在丑）。流年命宮太陽化忌又不利男親，而其時蔣的父祖皆已逝，流年父母宮又疊祿，故應在兄弟。

蔣的命宮會齊祿權科、日月、昌曲、鸞喜，已具早婚條件。甲辰運太陽化忌在遷移宮，會照命宮、福德宮與夫妻宮。大運夫妻宮祿馬交馳，衝動本命福德宮的祿存，因受太陽化忌影響，如在此大運中成家，夫妻感情必定不佳。

失戀娶妻

蔣的命宮桃花本重，又見昌曲，故早談戀愛。十四歲時，年紀少少的蔣瑞元戀上了亡父的堂妹之女，聲言要娶之為妻，二人青梅竹馬，但當蔣母託人為子求親時卻被嚴拒。是年為一九〇〇庚子，流年夫妻宮太陽化祿（庚年）衝動化忌（甲運），會巨門化忌（本命），借會福德宮借天同化忌（庚年）、天梁，兩重羊陀夾（甲運流祿在寅、庚年流祿在申），因重重化忌，雖有紅鸞天喜，亦不能成婚，僅主熱戀。

而翌年蔣母為子娶婦，即一九〇一年流年辛丑，是年蔣十五歲，為甲辰大運最後一年，流年命宮紫微破軍，會大運祿權科，又得輔弼夾、昌曲夾（流昌在子，流曲在寅），會大運昌曲（流昌在巳，流曲在酉）。夫妻宮在亥宮，借對宮廉貞化祿（甲運）、貪狼入度，府相朝垣，故於是年娶妻毛氏。毛名福梅，比夫年長四歲，為蔣經國的生母。

這一個大運的流年流盤只列出乙未一年，其餘的作為讀者的小練習，可依據圖八與圖十七，自行列出。

第四章　志豈封侯？

癸卯運（十六至二十五歲，西元一九〇二年至一九一一年）

滿清覆亡

一九〇二年壬寅是八國聯軍蹂躪京津、中國被迫簽訂辛丑條約後的第二年，展開了滿清愛新覺羅皇朝最後的一個十年。列強在中國國土上的角逐更形激烈，各自在中國享有的權益亦不斷擴張，而一九〇四年初至一九〇五年中的日俄戰爭更以我國東北為陸戰的戰場。此時國內有革命與立憲兩派對峙，清廷腐敗無能，漢人排滿的情緒日益高漲，革命黨頻頻起事，前仆後繼；而立憲派則較溫和，原不主張推翻清室。但是滿清的新權貴有鑑於八國聯軍之役時，東南督撫不奉中央號令，對漢人更多猜疑，辛丑後的「變法」只以排斥漢人而集權於滿族貴胄為務，故此立憲派在輿論上便不得不向革命派屈服。一九一一年十月十日革命黨人在武昌起事，世稱辛亥革命。宣統三年辛亥也就成為清朝正朔的最後一年。

這十年是蔣中正婚後求學的十年，在日求學期間加入了同盟會，武昌首義之後，蔣一展所學，自此成為陳其美的左右手。

天干甲丙戊庚壬屬陽，乙丁己辛癸屬陰，蔣生於丁亥年，故為陰男。男屬陽，女屬陰；陽以順行為順、逆行為逆，陰則以逆行為順、順行為逆；故此陽男陰女大運順行，陰男陽女大運逆行。此理與子平的大運依月建順行逆行相同。

蔣第二個大運命宮逆行至卯宮，天干為癸，是為癸卯大運（圖九）。此運管十六至二十五歲，大運命宮天府火星對照武曲七殺；會未宮天相、擎羊；亥宮借會廉貞貪狼化忌（癸運），地空地劫、兩重陀羅天馬（本命與大運相疊）、天刑，成三煞會照。寅宮借天同化權、天梁入度，卯宮為本命祿權所夾。天府化氣為庫，最喜得祿，但是蔣的大運命宮卻不得祿。因會本命與大運兩重天魁天鉞，龍池、鳳閣，恩光、天貴，天福、天壽，亦屬百官朝拱。

事業宮天相會火星及兩重羊陀，鄰宮巨門化權衝動化忌，加強了「刑忌夾印」的不利，雖有大運破軍化祿及魁鉞昌曲同會，仍非大展拳腳的運程。財帛宮借貪狼化忌，會兩重陀羅天馬，是為疊「折足馬」。故此事業財帛，兩不得志。

原命煞輕得祿，命宮、事業宮、財帛宮皆得祿權科會；可是大運的命宮、事業宮、財帛宮皆煞重，僅事業宮會一點破軍化祿；兼且卯宮天府必會不上紫微，雖有科權夾兼祿權夾，又見百官朝拱，力量仍嫌不足，只可守成，不甚利於開創。但此運年紀太輕而又未曾開運發跡，根本無「成」可守，故此十年之中蔣並不得意。

魁鉞會照而百宮朝拱，僅主得到際遇與庇蔭；火星在命而煞忌重重，則主奔波少成。福德宮見貪狼化忌，故此應考鄉試不第，大志難申。

在這十年之中，蔣一心求學，不事生產，一切開支，全憑母妻張羅。加上大運田宅宮巨門化權衝化忌，家業更見消磨。

遷移宮武曲七殺，會紫微破軍、廉貞貪狼，則主重大變動；喜得破軍化祿，變動有利。蔣的命格原主武貴，此大運最宜出外習軍事（遷移宮見武曲七殺、祿馬），因會大運天魁天鉞，大得際遇，在日交得陳其美，又因此一關係，加入同盟會，認識孫文。

投身革命

一九〇五年乙巳是蔣思想大變的一年（圖十九），蔣時年十九歲，在寧波從學於顧清廉。此時蔣早已讀過了四書五經，顧授之以《曾文正公集》及《孫子兵法》，又講述民族大義，於是蔣立志出國學陸軍。

是年福德宮在未，天相會紫微化科（乙年）、破軍化祿（癸運）。本宮得流年的昌曲夾，鄰宮的巨門化忌又不會流年大運的化忌，刑忌夾之力減；但會子宮大運祿存，則財蔭夾之力增；所會的天府又有流祿（乙年）同度；對宮又得流年的祿權夾、魁鉞夾，衝起本命的科權夾、輔弼夾；故此是年的思想轉變對後運有良好影響。

一九〇六年丙午，初赴日本求學未遂，旋歸。一九〇八年戊申再東渡，入東京振武學堂，後於一九一〇年庚戌畢業。在日期間認識陳其美，黃郛（1880-1936），張群（1889-1990）等，並與前二人結義；又因陳其美介紹加入同盟會，初會孫文。

蔣在日期間賦詩明志，送與表兄，詩曰：

騰騰殺氣滿全球，
力不如人肯且休。
光我神州完我責，
東來志豈在封侯？

由詩意所示，蔣為人強橫，近於「以力服人」的霸者，不易以德服人。最後一句又可有兩種含義：一為一心為國，不計個人名位，故不羨封侯；一為鴻鵠大志，不屑封侯。蔣的意思相信近於後者。

一九一一年辛亥，是蔣初試啼聲的一年。是年武昌起義，二十五歲的蔣自日本回國到上海，陳其美命其指揮攻浙部隊。蔣親率敢死隊攻克浙江巡撫衙門立功，後返上海，升任團長。

蔣又在此大運中得子，大運子女宮在子，天機會祿權科，又得大運科權同會，大運祿存同宮，利於得子。蔣經國生於一九一〇庚戌春，於前一年受孕。己酉年流年子女宮在午，巨門化忌之力甚輕，最喜本命、大運、流年三重祿存在子午宮對衝，故於是年得貴子。

第五章　參贊戎機

壬寅運（二十六至三十五歲，西元一九一二年至一九二一年）

民國憂患

自一九一二年起的十年，剛好是中華民國成立後頭一個動蕩的十年，兩番復辟，戰亂頻仍，在於蔣中正則是奔波在外的十年。

一九一二年壬子為民國元年，袁世凱以陰謀權術，及北洋系的槍桿子作後盾，一舉攫助辛亥革命的成功果實，成為中華民國第一任大總統。翌年即與國民黨決裂，刺殺宋教仁，遂有二次革命，但革命僅兩個月即失敗。一九一六年，洪憲帝制的鬧劇上演不過八十三日而草草落幕，袁憂憤而死。袁死後，民國即進入軍閥割據時期，地方政事之混亂，軍閥之混戰不休，中樞政令之不出都門，一如東漢末建安之世。

軍閥又以袁世凱在晚清訓練的北洋系為主，北洋有三傑，王士珍（1859-1930）稱「龍」，段祺瑞（1865-1936）稱「虎」，馮國璋（1859-1919）稱「狗」。近年有人以為馮是北洋之「豹」，大誤。《世說新語．品藻》：「諸葛瑾與弟亮、從弟誕並有盛名，各在一國。于時以為蜀得其龍，吳得其虎，魏得其狗……」故此狗其實亦可與龍虎並列。

入民國之後王士珍無意仕途，只署理過幾個月的國務總理，段馮二人則是袁去世後北洋兩大巨頭。段祺瑞是安徽合肥人，做過多任國務總理，最後的名堂是一九二五年的「臨時執政」，世稱皖系（安徽簡稱皖）；馮國璋是直隸河間人，做過一任總統，世稱直系（直隸即今之河北省）；再加上北洋旁支奉天人張作霖（1875-1928，張學良之父）雄踞東北，做過「軍政府大元帥」，世稱奉系（奉天即今之遼寧省）；是為北洋軍閥三大派系。

一九一七年「辮帥」張勳（1854-1923）率兵入北京，擁溥儀復辟，段祺瑞興兵討伐，得了個「再造共和」的美名，繼袁而任總統的黎元洪（1864-1928）不得已而下野。段馮明爭暗鬥，於一九一八年雙十同時下野，捧出徐世昌（1855-1939）做總統。一九一八年第一次世界大戰（又稱歐戰）結束，一九一九年在巴黎和會中國外交失敗，爆發震動全國的「五四運動」，其時皖系把持北京政府，毆打逮捕學生，毛澤東就曾有「震壓學生的都沒有好下場」的名句。

一九二〇年爆發直皖之戰，其時馮國璋已死，曹錕（1862-1938）以資歷最深繼為直系首腦，論實力則以曹倚為肱股的吳佩孚（1874-1939）最強。直勝皖敗，北方進入吳佩孚獨霸的時代。

此為北方政局之大概。

孫文、黃興在武昌首義之後匆忙回國，革命軍的實力原本敵不過訓練有素的北洋新軍，但袁世凱擁兵自重，籍以挾迫清室的孤兒寡婦，於是總統一職就落入袁的手中。孫黃二人其時仍深信袁世凱對共和制度的誠意，黃興於一九一二年中辭去南京留守之職，解散了近五萬人的部隊，沒有了槍桿子的支持，南方的革命力量就再無力與北洋軍閥抗衡，故此二次革命迅速潰敗。

洪憲帝制敗後不久，黃興逝世，孫文率海軍南下，一九一七年在廣州召開「非常國會」，成立軍政府。此時孫指揮得動的軍力少得可憐，兩廣為桂系巨頭陸榮廷（1859-1928）的勢力範圍，一九一八年，孫文離粵。至一九二〇年，以粵系陳炯明（1878-1933）部驅逐桂軍，一九二一年孫就任大總統，於是有粵、皖、奉三角同盟，對付直系的曹吳。

此為南方政局之大概。

奔忙無定

蔣的第三個大運壬寅，命宮無正曜（圖十），借對宮申宮天同化權、天梁化祿（壬運）、大運天馬入度；

會午宮的羊陀夾忌，與及戌宮落陷的太陽、大運的陀羅。天梁在申宮不喜天馬同度，更增星系的浮蕩。

因大運命宮與遷移宮見祿馬，故十年內馬不停蹄，多次亡命日本。計有一九一二年壬子，因刺殺陶成章一案，被迫逃往日本，是年冬回國。一九一三年癸丑二次革命，蔣攻江南製造局不克，再赴日。一九一四年甲寅，在上海籌劃討袁事洩，又再逃亡日本。一九一九年己未，據說與陳炯明不和，辭去陳部粵軍作戰科主任之職，赴日旅遊。

一九一二年冬，蔣回到溪口老家，帶同新納的側室姚冶誠。元配毛福梅表現得甚有雅量，沒有大吵大鬧，完全接受了丈夫納妾。蔣在壬寅大運中夫妻宮祿權科會，流年壬子，命宮見祿權科會，夫妻宮見紅鸞天喜，故於是年納妾。

在這個大運的前五年，蔣隸屬陳其美部下，多次協助陳在上海一帶活動。一九一五年乙卯，蔣由日本回國，在上海與陳其美策動肇和艦反袁失敗。陳其美在一九一六年五月遇刺，袁世凱亦於是年六月去世。

蔣陳二人的關係複雜，在公則陳是上司，在私則陳是結義兄長。此一大運蔣的父母宮與兄弟姊妹宮都受酉宮（疾厄宮）的武曲化忌（壬運）影響。此時蔣父已亡，蔣母的存歿，要以父母宮及太陰所在的宮位同參。太陰在大運的福德宮，雖會上大運的羊陀，但亦見天梁化祿。一九一六年流年丙辰（圖二十），流年父母宮廉貞化忌，且為羊陀夾忌，流年羊陀又為大運羊陀衝起，再會大運武曲化忌。廉貞化忌主血光之災，武曲化忌與七殺同度又主金屬創傷，性質與遭暗殺而橫死配合；但太陰在流年命宮卻會上流年的祿權科，故此刑剋應在上司而不在母。

一九一六年蔣的次子緯國出生，緯國非其親生，據說為戴傳賢與日本女子津淵美智子所生，因戴氏懼內，由蔣收養。蔣交與側室姚冶誠撫育，視如己出。壬寅大運中蔣的子女宮在亥，為三煞會照的「折足馬」，必須在子女宮吉利的流年受孕，生子方才易養。緯國在丙辰年農曆九月初十出生，受孕期在前一年一九一五乙卯，是年子女宮天機會太陰化忌（乙年）及巨門化忌（本命），又有流煞，凡天機在子女宮皆不宜見煞，故是年蔣恐不能得子，蔣緯國實非親生。

陳其美死後，蔣自一九一六年秋至一九一八年春在上海蟄伏，在此期間蔣與青幫中人過從更密，又在上海經營證券交易。一九一六丙辰，流年命宮會祿權科（天同化祿、天機化權、文昌化科）；文昌化科主文書喜慶，從事證券必大有斬獲。一九一七年丁巳，命宮又見疊「折足馬」、地空地劫，又會武曲化忌（壬運），盡為不利財帛的組合，經營必多破耗。一九一八年戊午，命宮巨門化忌為對宮天機化忌（戊年）衝起，為失計之徵，更不利投機。

一九一八春返粵，任粵軍作戰科主任，是蔣首次得到孫文起用。陳炯明為粵系首領，據國民黨官方黨史蔣與陳不甚相得，故蔣是時態度並不十分積極云云，是年夏辭職回上海。自此至一九二〇之間常在福建作戰，一九二〇年陳炯明任命蔣為粵軍第二軍前敵總指揮官之職，蔣沒有接受，回鄉閑居。

一九二一年辛酉，年中蔣母王采玉卒，是時孫文剛就任非常大總統，在廣西前線策劃北伐，召蔣至前線共商北伐。大運父母宮煞重（天府會武曲化忌），流年父母宮在戌，太陽化權見太陰與文昌化忌（辛年）正照及巨門化祿衝化忌，太陰所在宮位又會流年大運兩重羊陀，故喪母。

是年蔣與陳潔如結婚，流年夫妻宮在未，巨門化祿在午宮，化祿的力量較化忌的力量強，形成「財蔭夾印」的格局；又會紫微化權與天府化科（壬運），故可成婚。陳生於一九〇六年，時年十六歲。

第六章　逐鹿中原

癸丑運（三十六至四十五歲，西元一九二二年至一九三一年）

連綿內戰

民國以來，袁世凱與段祺瑞先後把持的北京政府都媚日，新興的直系巨頭吳佩孚則以抗日為標榜，一九二〇年直皖之戰與一九二二年第一次直奉之戰都取得勝利，聲譽之隆，冠於全國。一九二三年三月吳五十大壽，康有為有一賀聯：

牧野鷹揚，百歲功名纔半紀；

洛陽虎視，八方風雨會中州。

牧野是周武王誓師伐紂之地，在今天河南省內，吳佩孚則開府洛陽，此時直系勢力遍佈中原十多省。孫文與皖段、奉張結盟，但是吳的威望如日中天，段張都親日、前科又不佳，故孫文此時的北伐未得人和，勞而無功。

一九二三年十月曹錕賄選總統，直系聲望大跌，加之所謂「直系」原本是個鬆散的組合，吳佩孚本身就是山東人，直系內部權力鬥爭激烈，遂於一九二四年第二次直奉之戰大敗。直軍之敗以直系旁支的「倒戈將軍」馮玉祥回師叛變而起，自此至一九二六年中，直系、奉系、皖系殘餘與馮玉祥的國民軍系相互混戰，此為北伐前北方政局之大概。

蘇聯熱切於干預中國事務，與列強並無區別，但一九一七年俄國十月革命後，布爾什維克以共產主義為號召，反對帝國主義，形象與理論為之一新，共產國際在一九二一年協助中國共產黨成立。二十年代初蘇俄分別與坐鎮中州的吳佩孚、和南方的孫文聯絡，及後又與馮玉祥有聯繫。

一九二二年孫文與陳炯明決裂，未能配合奉系張作霖的軍事行動，是年五月奉張戰敗出關，六月孫文受困於永豐艦，年底孫出任大元帥之職。事後孫認為需得外援，方可與北方軍閥周旋，遂決定聯俄容共。一九二四年改組國民黨，成立黃埔軍校，以蔣中正任校長。一九二五年孫文北上，三月病逝，同年八月，蔣借廖仲愷案奪得許崇智的兵權，此後扶搖直上。

一九二六年北伐；二七年清黨；二八年東北易幟，全國「統一」；此後年年混戰，蔣一如擂台上的台主，各方好手車輪挑戰，一一落敗，最後各路好漢來一個大圍攻，因得張學良之助，得以敉平，此即一九三〇年的中原大戰，接下來的就是江西剿共。一九三一年又有九一八事變，日人正式明目張膽的侵華。至此蔣已是中國軍政界第一強人。

一九二二年第一次直奉之戰，雙方各自動員的兵力不過十萬之數，是年四月二十八日開戰，五月四日即分出勝負。而一九三〇年中原大戰，蔣所把持的南京國民政府的動用兵力達六十萬，反蔣派包括閻錫山、馮玉祥，李宗仁，張發奎（1896-1980）等合共八十萬之眾，大戰歷時八個月，軍人傷亡達二十餘萬，人民性命財產之損失更無可估計。

時來運至

蔣的癸丑大運命宮紫微、破軍化祿（癸運）與大運擎羊同度（圖十一），得左輔右弼所夾而對照天相。三方會照武曲七殺，廉貞貪狼化忌（癸運）。又因寅宮無正曜，借申宮天同化權、天梁入守，形成丑宮得科權夾，對宮天相又為財蔭夾，強旺可知。本命「反背」的太陰主貴顯，經行紫微破軍的強運，最喜輔弼夾帝而得祿，故能一鳴驚人，執掌大權。於短短數年之間，由粵軍參謀、孫文副官的身份一躍而成國民黨中第一強人，繼而北伐、清共，名義上統一中國，為北洋時代劃上休止符。

凡紫微破軍坐守的大運流年而吉凶交集，必主動蕩多變。大運羊陀衝起本命羊陀空劫（大運擎羊在丑衝本命未宮擎羊，大運陀羅在亥衝本命巳宮陀羅），對宮天相原為刑忌夾，大運巨門化權衝起本命化忌，加強刑忌夾印的不吉，又會上貪狼化忌，故此大運十年並非一帆風順。擎羊主惡性競爭，故北伐之前，屢受黨內政敵攻擊；北伐後又屢受地方擁兵的大將挑戰。

大運福德宮在卯宮，天府、火星對武曲、七殺；三合宮會刑忌夾印、擎羊；廉貞、貪狼化忌，陀羅，天馬，地空、地劫，天刑，天虛、天哭等惡曜，為三煞並照。但亦會本命與大運兩重天魁天鉞（大運天魁入卯宮，天鉞入巳宮），大運的文昌、文曲（癸運文昌在卯、文曲在亥），龍池、鳳閣，恩光、天貴，天福、天壽，是為「百官朝拱」。十年之內精神雖多困擾，幸而大運福德宮得力，故能面對各方挑戰，在驚濤駭浪中完成大業。

大運田宅宮在辰宮，天盤本有祿權科會，太陰大運化科衝動化祿，又得大運天魁天鉞所夾（天魁在卯、天鉞在巳），對宮的太陽又同時受本命天魁天鉞所夾，故蔣所服務的機構聲名大噪。國民黨遂由一「南方亂黨」變為執政黨，國民政府還都南京，建中山陵，名義上統一全國。

此一大運的父母宮亦值得留意，寅宮無正曜，借天同化權、天梁入度，星系本已浮蕩。所會午宮的羊陀夾忌又為大運巨門化權衝起，僅得孤另另的一點右弼，權星太重而少輔助，故上司有權難使。在此十年之中，所有上司盡皆奔波而少成。一九二五年，孫文病逝於外，廖仲凱遇刺，許崇智、胡漢民相繼出亡，蔣得以廁身國民黨高層。命格不高而依賴有力後台蔭庇的命造，大運流年不喜父母宮或田宅宮動蕩破敗，以致靠山頓失。但作為一個政治人物，經行獨當一面的開創性吉運，碰上父母宮或田宅宮動蕩每每反為吉兆。試問「頂頭上司」不垮台，自身又焉能「鯉躍龍門」呢？蔣此一大運的父母宮的動蕩，正好配合其命宮的開創力，遂能後來居上，繼承自民初以來，南方國民黨的革命事業，繼明太祖朱元璋之後又一次打破歷史上以北制南的宿命。

大運兄弟宮在子宮，天機化科會齊祿權科忌四化，更有大運流祿衝起對宮祿存。原局天府會三煞而無祿，最喜流年大運得祿；天機不喜有流煞同度，此時只見本命一點鈴星；一如久旱遇甘霖，勃然而興。故此金蘭兄弟、同袍戰友，人人陞官發財。但原局煞重，大運又有巨門化忌正照，故此金蘭反目，舊友倒戈，時戰時和，合從連橫，朝秦暮楚。故而北伐雖然成功、北洋嫡系軍閥盡數倒台，內戰反為越見激烈。十年內分分合合的，計有黨內右派的胡漢民與左派的汪兆銘；握有兵權的軍人，則有李宗仁為首的新桂系、馮玉祥的國民軍系、閻錫山的晉軍、及湘系粵系將領等等。

大運交友宮在午宮，巨門化忌被大運化權衝起，疊祿存，所會星系與兄弟宮相近。可是原局武曲七殺已有欺主、背主的傾向，交會巨門化權衝化忌，故部屬叛變頻頻。

這個大運之中，蔣有如馬戲班中走綱線的藝人一般，要平衡左右兩派的勢力，左傾右傾都可能導致粉身碎骨的厄難。

一九二二年壬戌（圖二十一），太陽在命宮，祿權科會（借會流年天梁化祿，會大運巨門化權、太陰化科），更衝起本命的太陰化祿，天同化權。原局戌宮為魁鉞夾，在癸運壬年，兩重流魁在卯、流鉞在酉，同夾遷移宮。遷移宮得吉夾固然對命宮有好的影響，最妙衝動本命魁鉞，此魁鉞又夾流年命宮，故此是年大得際遇。

蔣的命盤，每逢行經戌年，都遇魁鉞夾命。但此一對魁鉞仍需流魁流鉞衝起，方有效力。

如十二年前一九一〇庚戌，是年二十四歲，在癸卯運中。卯宮流魁、巳宮流鉞（癸運）較有力；丑宮流魁、未宮流鉞（庚年）則無力（魁不衝魁、鉞不衝鉞）。而且癸卯運為煞重、無祿、少助的天府；此時癸丑運則是兩重吉夾又得祿的紫微破軍，自然有天淵之別。

又如二十四年前一八九八戊戌，是年僅十二歲，在甲辰運中。甲運戊年流魁在丑、流鉞在未，衝之無力，流年又見太陽化忌（甲運），再加上其時年紀幼少，更不可同日而喻。

共赴患難

據國民黨官方黨史，陳炯明於是年西曆六月，正式「叛變」，砲轟大總統府，孫文受困於永豐艦，蔣由上海赴粵，與孫共患難四十餘日。蔣撰有《孫大總統廣州蒙難記》，孫文親為之序：「陳逆之變，介石赴難來粵入艦，日侍余側而籌策多中，樂與余及海軍將士共生死……」。此時孫文身邊並無知曉軍事的副官、參謀，再加上蔣在永豐艦上的表現，更使蔣成為孫的親信。

但流年太陽落陷失輝，又無吉化，並非發揚蹈勵之時，有如利刃尚未出鞘，靜待時機。

建軍黃埔

一九二三年歲次癸亥，流年見貪狼雙化忌，兩重陀羅天馬、魁鉞昌曲，遷移宮會破軍雙化祿。是年蔣任廣州大元帥府大本營參謀長，八月赴蘇報聘，十二月回國。由命盤所示蔣在蘇不受禮遇，心情不佳，但此行亦屬一大際遇，次年任黃埔軍校校長。

一九二四年甲子（圖二十二），天盤子宮為天機會祿權科，又會大運太陰化科，巨門化權；天機畏煞，更喜不見流年羊陀，故是年際遇良好。父母宮為紫微破軍會流年祿權科，配合命宮的好運，是年必得上司提拔，從政必陞宮，就業必陞職。凡流年大運見父母宮強旺，不可以為一定得父母或上司庇蔭，必須命宮亦佳，方可斷為為庇蔭提拔。

原局父母宮廉貞貪狼主感情不壞；大運父母宮天梁為「蔭星」；流年父母宮紫微為帝座；如此配合，方為長輩助力。否則或僅為上司自身得志，對當事人未必有助益。

是年國民黨改組，大量蘇援抵穗，又建立黃埔軍校，蔣出任校長，自此黃埔系人材輩出，許多畢業生成為蔣之嫡系。年底討平廣州商團之變，蔣以軍校學生編成教導團，是為蔣所率領的黃埔軍校學生首次作戰表現，如利刃新發於硎，及鋒而試。

奪取軍權

一九二五年歲次乙丑，是年三十九歲，流年命宮恰與大運命宮同宮，（圖二十三）此一大運的開創運勢即時發動。紫微更在流年化科，與大運破軍化祿同度，原局的丑宮原本已得輔弼夾、科權夾，再得流年天機化祿與天梁化權、流魁流鉞相夾；對宮的天相又得昌曲夾；星系組合有如令主（紫微為帝座，化科主令名）御駕親征，浩浩蕩蕩，勢不可擋。

而是年亦非全然一帆風順，大運擎羊入丑宮，衝起命盤上的羊陀；事業宮貪狼化忌（癸運）又為雙化忌夾（午宮巨門化忌，辰宮太陰乙年化忌），主有惡性競爭。

流年兄弟宮會三點化權、兩點化忌，「同事」中權爭激烈。

是年雙春兼閏月，西曆一月二十四日即交入乙丑年。二月蔣率黃埔教導團東征，因得蘇聯運來的新式武器，以三千人大破陳炯明部四萬之眾，陳部退至潮汕。三月孫文逝世在外，原奉孫文號令的滇軍楊希閔（1886-1967）、桂軍劉震寰（1890-1972）有異圖，五月蔣率黨軍（即教導團）及粵軍回穗，至六月楊、劉潰敗，蔣任廣州衛戍司令，成為廣州的實際統治者。

孫文死後，汪兆銘得蘇聯顧問鮑羅廷等的助力，繼任國民政府主席，國民黨內親共與反共兩派之爭更趨激烈；粵籍軍人又對蔣的冒升大表不滿；港英政府又因英商利益問題，欲撲滅共黨；孫文時代一文一武的兩大柱石胡漢民與許崇智又不和；形勢錯綜複雜。是年八月，左派的廖仲愷被刺，蔣乘機奪權，胡漢民、許崇智相繼流放，於是蔣與汪兆銘共治廣州。繼而二次東征，擊潰陳炯明的部隊，平定粵東。國民黨內的反共派張繼、林森、戴傳賢、孫科（1891-1973）、吳敬恆（稚暉，1866-1953）等在北京西山組成「西山會議派」，議決開除中共黨員，攻擊親蘇的汪兆銘。蔣是時不願與蘇聯正式反目，強調中俄團結，靜待時機，是年遣長子經國赴蘇留學，流年子女宮太陽會三點化權、兩點化忌、三煞、昌曲，可出外求學，但不利。蔣經國在蘇聯十多年中，捱盡苦楚。

登壇誓師

一九二六年歲次丙寅，流年命宮借天同化祿、天梁入度（圖二十四）。是年遷移宮會流年的祿權科，衝起天盤的祿權科，大利遠行出征。福德宮太陰化祿再化科，心情愉快可知，誓師北伐，聲名遠播。

蔣的冒升亦令鮑羅廷不安，故蔣計劃北伐而蘇聯顧問團多加留難，是年三月中共發動反蔣宣傳，汪兆銘又准許蔣解除衛戍司令之職。蔣先發制人，逮捕身為中共黨員的代理海軍局長李之龍（1897-1928）等五十餘人，是為「中山艦事變」，共產國際不欲與國民黨決裂，指令中共與蔣妥協，結果汪離穗，自此蔣成為廣州的領袖。

七月誓師北伐，從粵桂出發，年底北伐軍已擊垮吳佩孚，迅速克服湖南、湖北、江西、福建四省，四川、貴州將領紛紛投誠。北伐軍勢如破竹，蔣的軍事領導固然重要，中共的宣傳亦功不可沒，故翌年蔣在上海清共，令共黨中人深痛惡絕。

清黨下野

一九二七年歲次丁卯，天府、火星為太陰雙化祿與天同雙化權所夾（圖二十五），對照武曲七殺；三合宮會兩重刑忌夾及財蔭夾的天相、疊擎羊；廉貞、貪狼化忌，疊陀羅，天馬，地空、地劫，天刑，為三煞並照。但亦會本命與大運三重天魁天鉞，流年大運兩重文昌文曲，龍池、鳳閣，恩光、天貴，天福、天壽，是為百官朝拱。是年蔣的命宮吉凶交集，形勢混亂，擁兵大將朝秦暮楚，競爭激烈。百官朝拱的天府雖不見祿，仍可守成，故此是年雖被迫下野，年底即復出。

二六年底廣州國民政府遷至武漢，蘇聯顧問團把持黨務，不願見國民黨與英國妥協，開始反英。是年四月十二日蔣在上海得青幫之助，捕殺中共工人領袖及武裝糾察隊數百人，十八日另立南京國民政府，以胡漢民出任主席，是為寧（南京）漢（武漢）分裂。

此時雙方各自北伐，武漢北伐軍與馮玉祥會師河南鄭州，馮在上一年與國民政府合作而在綏遠五原（其地在今日內蒙自治區）誓師；南京北伐軍則攻克徐州。汪兆銘原本無意分共，但中共急於在兩湖進行土地改革，侵犯了社會大眾的工商利益，武漢方面擁兵的軍人更不願為中共而與南京內訌，於是武漢亦加入分共的行列，從此國共全面決裂。

是年八月一日原屬張發奎部的葉挺（1897-1946）、賀龍（1896-1969）、朱德（1886-1976）發動二萬人佔領南昌，仍舉國民黨旗職，是為南昌事變。據說策劃人和總指揮是周恩來（1898-1976）。國民黨稱之為「暴動」，共產黨稱之為「起義」。及後轉戰閩粵，不出兩個月潰敗，日後中共定八一為建軍節。因南昌事變之累，武漢方面無力東征，此時唐生智（1889-1970）擁兵觀望，八月間新桂系李宗仁、白崇禧（1893-1966）聯同黃埔系的何應欽脅蔣下野。十月寧方佔領武漢，唐生智逃亡。十一月張發奎又在廣州發動政變，汪離國出洋，蔣在二八年一月復職，仍在丁卯年次內。

東北易幟

一九二八年歲次戊辰，蔣四十一歲，命宮太陰化為祿權科（本命化祿、大運化科、流年化權），重重吉化（圖二十六），故在年底晉位國民政府主席。日在戌，月在辰都是落陷，此時都有吉化，又同時有魁鉞夾，會一點天機化忌不足為患；「陰精入土」之格不畏羊陀，見流陀反而有利。

蔣在復職之後，大權在握，改編長江下游各部為第一集團軍，自任總司令；馮玉祥、閻錫山、李宗仁分任二三四集團軍總司令，北伐成功後三人先後多次向蔣挑戰，那是後話。是年六月張作霖兵敗出關，被日人炸死於皇姑屯。十月蔣出任國民政府主席，年底張作霖之子學良易幟，取消民初以來北京政府沿用的五色旗幟（青黃赤白黑五色以誌漢滿蒙回藏五族共和），改懸青天白日旗，名義上全國統一，北洋時代正式終結。

風雲突變

一九二八年國民政府還都南京，蔣中正，馮玉祥，閻錫山，李宗仁在孫文靈前結為異姓兄弟。後來蔣成為國民政府的主宰，國共內戰之後閻錫山隨蔣赴台、李宗仁則做過代總統，對於「曾與領袖結拜」的事，不願多作宣揚。馮玉祥則與蔣公開決裂，故世人皆知馮為蔣的義兄。四人結拜不過是一種姿態，他們的政治觀與北洋軍閥並無太大的分野，統一後蔣倡議裁軍，馮李大為不滿，東北易幟後不足三個月，戰事重開。

毛澤東在一九二九年作有一首《清平樂》，當中有謂：

風雲突變，軍閥重開戰。
灑向人間都是怨，一枕黃粱再現。

一九二九年歲次己巳，貪狼化權（己年）衡化忌（癸運），主權力受侵；會武曲化祿（己年），破軍化祿（圖二十七），故於祿位無損。田宅宮天梁化科，三重化科齊會，蔣把持中樞，大得民心。

故一年之內，桂系李宗仁、白崇禧、李濟琛（1885-1959）、胡宗鐸（1892-1962）、陶鈞（1892-1974）；馮玉祥；張發奎；唐生智；原屬馮玉祥部的石友三等先後挑戰，蔣一一敉平。

中原決戰、哀慟瀋陽

一九三〇年歲次庚午，命宮為羊陀夾巨門化忌（圖二十八）；借會流年羊陀夾天同化忌（庚年）、天梁；太陽化祿（庚年）。雖然是「羊陀夾忌」會「羊陀夾忌」，但再無火鈴羊陀衝破，反有太陽化祿解暗，故流年精神困擾雖大（福德宮為羊陀夾忌，化忌的且為天同福星，更不能享福），仍得履險如夷。

各方反蔣勢力大整合，連老狐狸、不倒翁的閻錫山也按捺不住，加入戰團，在是年發難，中原大戰戰況之烈，為民國以來罕見。國民黨兩年間內訌不休，中共乘機坐大，中原大戰剛息，又開始在江西剿共。

一九三一年歲次辛未，流年天相在命而得財蔭夾（辛年巨門化祿），會三煞（圖二十九）。蔣仍然是四面受敵，但精神上則不及上一年的苦惱。流年田宅宮太陽化權會文昌化忌及巨門化祿衝化忌，服務機構與異族人或異鄉人有重大交涉，日本關東軍正式明目張膽的侵略中國，發動「九一八事變」。

早在在寧漢分裂時，胡漢民與蔣合作，此時因約法問題衝突。胡欲連結粵籍將領與蔣爭衡，蔣幽禁胡漢民於南京湯山，年中國民政府中的粵籍委員，欲在廣州自立政府。

中原大戰後，張學良的東北軍入駐關內，三一年七月日人又乘機煽動石友三出兵牽制張學良，石部迅被剿平。是時蔣正進行第三次圍剿江西紅軍，又要應付粵、桂軍，宣佈「攘外應先安內」，故明令張「萬分容忍，不與抵抗，以免事態擴大」，此為「不抵抗政策」的來歷。九月十八日，日軍突襲瀋陽，當日蔣正在江西前線督師，兼防粵桂。張學良時在北平（即北京），日軍在一百日內佔有整個東北。

曾為同盟會會員的學者馬和（君武，1882-1939）有《哀瀋陽》詩兩首：

趙四風流朱五狂，
翩翩胡蝶最當行。
溫柔鄉是英雄塚，
那管東師入瀋陽！
告急軍書夜半來，
開場弦鼓又相催。
瀋陽己陷休回顧，

更抱佳人舞幾回。

國人憤慨之情可知。可惜馬校長遠在廣西，但憑耳食傳聞，以致唐突佳人。趙四小姐即趙一荻，現已成為張少帥的夫人。朱五小姐的父親即是民初「交通系」要人、曾任國務總理的朱啟鈐（1871-1964），朱總理為人開放，對兒女的社交生活不加約束，頗受時人攻擊。朱五小姐雖與少帥相識，卻無親密關係。胡蝶是三十年代紅星，於五六十年代香港影壇仍甚活躍，與香港紅星蕭芳芳合作甚多。蔣中正逝世以後，張少帥在台灣得到有限度的自由，有好事之徒建議「翩翩胡蝶」與張少帥會面，胡蝶一口拒絕，並謂無端被人誤會幾十年，老來更無謂自招麻煩。

是年年底蔣以東北失陷而二度下野，釋放胡漢民，由林森繼任國家主席；中華蘇維埃共和國政府在江西成立，毛澤東出任空頭的中央政府主席。三二年一月蔣復出為軍事委員會委員長，一月二十八日上海的「一二八事變」，蔡廷鍇（1892-1968）率領的第十九路軍奮勇抗日，都在辛未年中。

出妻再娶

蔣在一九二一年娶了陳潔如為妻之後，陳因通曉俄語，即以蔣夫人的身份出任蔣的秘書，但「蔣夫人」的身份只維持到一九二七年，國民黨與蘇聯全面決裂，「俄語秘書蔣夫人」的歷史任務亦同時完結。蔣於是年十二月一日與宋美齡結婚，正式休棄毛福梅，陳潔如則由「夫人」降級為「妾」，與姚冶誠並列，蔣公開表示：「毛氏髮妻，早經仳離；姚陳二氏，本無契約。」

舊社會重視「父母之命，媒妁之言」，沒有「自由戀愛」，更沒有「拍拖」。故此以紫微斗數推算現代人的實際結婚年份，很容易出錯，一般只能算出感情成熟、決定婚嫁的年份。以今日香港為例，為了稅務安排或便利移民，而先了結婚、過了一段時間才去註冊的夫婦，大有人在。亦有先做了「夫妻」，直到雙方都感滿意，然後才去「結婚」。而小家庭制度的興起，更令不少愛侶雖然決定了結婚，卻因居住問題拖延一年半載，甚至更久。

蔣與毛福梅、姚冶誠、陳潔如的結合，都屬於「舊社會」式，故在命盤上還可見端倪。但蔣宋結合則完全是另一回事。甚至有人認為蔣是與「江浙財團」結合，多於與宋美齡結合。官方的說法是蔣在一九二二年就對宋三小姐一見鍾情，直到二七年下野，赴日求親，方贏得美人歸。蔣宋的結合是經過「自由戀愛」，或許應該說是多番「談判」方能成事。

一九二七年丁卯，蔣流年夫妻宮在丑宮（圖二十五），紫微與破軍化祿對兩重刑忌夾的天相，又會貪狼化忌，照說在此年之中談婚論嫁，很難成事。倒是上一年一九二六丙寅，流年夫妻宮會祿權科（圖二十四），反而大利婚姻。

這件事令我百思不得其解，後來偶讀陳潔如的回憶錄，始知一九二六年宋家姐妹在廣州邀請了「蔣司令」和年輕的「蔣夫人」吃了一餐飯，據陳潔如所記，蔣得到邀請後竟然出奇的興奮；恐怕宋美齡就在此時決定嫁予前程無可限量的蔣司令。那麼蔣在二七年赴日之行，就是為了談判條件，而無需求親了。

有人指責蔣不認髮妻，強說毛為蔣母的「義女」。恐怕是看不慣沒有標點的文字，據《武嶺蔣氏宗譜》所載，蔣的一條：

「配毛，民國十年出為慈庵王太夫人義女。民國十六年繼配宋氏美齡，……光緒二十五年己亥二月十二日生。子經國、緯國。」

出即是休棄，而毛福梅確是蔣的髮妻，宋美齡則是繼室，清楚明白。至於不說明兩子的生母，只是含糊一些。而在宗譜之內蔣其他族人，有的說明子女嫡庶，亦有些不作說明，沒有甚麼好大驚小怪。

三度圍剿

一九二六年北伐迅速成功，是國民黨的武力與共產黨的民眾運動合作的成果。但中共領導人給勝利沖昏了頭腦（主要是毛澤東），匆匆將共產主義之下激進社會改革的一套拿出來，在湖南湖北兩省試用。對富戶抄家分地，侵犯了社會裏中上階層的經濟利益，引致國民黨全面分共。

在二十年代末，中共乘國民黨多次內訌，在各省交界的偏僻地區成立根據地。一九三〇至三一年蔣對江西紅軍進行三次圍剿，都無功而還。有論者認為蔣「挾匪自重」，未盡全力，先對共軍略為放縱，以便向恐懼共黨暴動、抄家的金融工商界搾取「開拔費」。一九三一年七月第三次剿共互有勝負，卻因九一八事變提早結束。

第七章　剿共抗戰

壬子運（四十六至五十五歲，西元一九三二年至一九四一年）

內憂外患

九一八事變後蔣辭去國民政府主席之職，不久復任軍事委員長，自此官方對蔣敬稱為「蔣委員長」。一九三二年日人在東北長春成立滿洲國，自此至一九三五年，蔣將大部份精力對付江西及各地紅軍，又要應付各省此起彼落的零星亂事，對日本人的侵略，則多方容忍。後來借追擊江西紅軍之便，將中央政府的勢力，伸展入西南各省。

一九三六年西安事變後，蔣被迫停止剿共。一九三七年發生「七七事變」，中日全面戰爭，此後日人佔據中國大片土地，南京政府西遷。抗戰的頭幾年是中國獨力對抗日本的艱難歲月，中國的兵員雖多，但裝備遠不及日軍精良，故此士氣雖高，幾年之間華北、華中大片土地仍淪入日人之手。

一九四一年十二月日軍偷襲美國珍珠港海軍基地，標誌著第二次世界大戰開始，至此中國正式向日、德、義宣戰，英美亦對日宣戰。四二年一月（一九四二年為「盲年」，是年二月十五日方交入壬午年）中國加入同盟國，蔣被推舉為同盟國中國戰區最高統帥，戰區範圍包括泰越兩國北部。

安內攘外

壬子大運命宮在子宮，天機化科與大運擎羊同度（圖十二），對照羊陀夾的巨門化忌，再會申宮天同化權、天梁化祿（壬運），與及辰宮太陰化祿、鈴星。祿權科忌四化同會，且為雙祿朝垣。

在上一個大運蔣已經開運發跡，此運又逢祿權科會，權位事業自然更上層樓。但大運命宮天機與流羊（壬運）同度，因天機對巨門的星系比紫微破軍更畏煞曜同宮，故此行事不及上一大運的順利。江西多次剿共，功敗垂成；陝北剿共又因西安事變而功虧一簣，抗戰結束後中共羽翼已豐，遂不可制。蔣在這大運中的前五年，專心剿共；後五年則進入中日全面戰爭時期。

大運的福德宮借天同化權、天梁化祿（壬運）入度，星系雖然浮蕩，但福蔭同聚，心情比上一個大運輕鬆愉快得多。此時雖是國難方深，但國民黨內的政敵基本上偃旗息鼓，間有零星亂事，不復與昔日左右夾擊、事事受制可比。

大運田宅宮在卯，天府會照三煞，更兼有七殺與武曲化忌正照，主服務機構崩破。原局為「財蔭夾」與「刑忌夾」的天相，經行被武曲化忌正照、煞忌刑空齊會的天府，實為大忌。此時蔣已是國民政府的高官，田宅宮如此不利，故此半壁山河淪於日人鐵蹄之下。

由此可見，對於不必依賴大機構蔭庇的命造而言，服務機構的不利與當事人的地位並無必然的關係。

二十年前的壬寅大運之中蔣的田宅宮亦會武曲化忌(圖十)而煞輕，蔣服務的機構國民黨仍屬一「亂黨」，動蕩不安倒是理所當然。

剿共平亂

一九三二年壬申，上海戰事持續至三月間，國軍被迫後撤。英美以利益受損，出面調停。五月，淞滬戰區全面停戰。

是年三月蔣復出任軍事委員會委員長，兼參謀總長，日本在東北扶值滿洲國。蔣籍國際聯盟調查團調查期間，再次部署剿共。年內四川、山東、陝西地方部隊各起衝突。

蔣改變戰略，三二年以重兵先攻擊鄂豫皖區，張國燾（1897-1979）領導的紅四方面軍，紅軍戰敗，退入川北。三三年初，發動江西第四次圍剿，兩個月之間互有勝負。圍剿因日軍入犯熱河、長城而完結。是年四月蔣又計劃江西第五次圍剿，蔣總結了前幾次圍剿失敗的經驗，修築碉堡，開建公路，步步進逼。毛澤東因一九三〇年富田AB團事件，被逐步削權；中共中央則因在上海不能立足，遷入江西，展開瑞金時代。對於第五次圍剿，毛擬採取靈活戰術，卻被中共中央指為「退卻逃跑的右傾機會主義」，主持軍務的周恩來與國際派力主出擊，結果紅軍大敗。於三四年十月開始長征，三五年底到達陝北。

一九三四甲戌，蔣的命宮見太陽化忌與大運陀羅（圖三十），因大運不壞，僅主是年奔波。流年田宅宮紫微破軍會祿權科忌，主服務機構有變而變動向好。故是年以剿共的名義，號令粵、桂、黔、川各省將領攔截紅軍。乘機率中央軍入四川，奠立西南長期抗戰的基地，國民政府的威信大增，自一九二七年起在華中、華南各省邊區的紅軍跟據地，大致肅清。

蔣因強調先剿共後抗日，對日人一再容讓，引起國民黨內其他勢力不滿，三三年二月兩廣組西南國防委員會，五月不甘寂寞的馮玉祥又自稱「民眾抗日同盟軍總司令」，後因恐日人出兵干預，自行引退。十一月又有李濟琛，蔣光鼐（1889-1967），蔡廷楷，陳銘樞（1889-1965）等在福建組織「中華共和國人民革命政府」，三四年一月瓦解。一九三六年六月，廣東陳濟堂，廣西李宗仁、白崇禧，以抗日號召，遣軍北上，事件終以陳下野而告終。

一九三二年淞滬戰役之後，日人又於三三年一月佔山海關，三月陷熱河承德，是六月簽「塘沽協定」，日軍退至長城線，冀東二十縣淪陷。一九三五年又欲煽動河北、山東、山西、察哈爾與綏遠正省脫離南京。一九三六年中央仍令東北軍（即張學良的奉系）繼續在陝北剿共，但與日人交涉時態度較前強硬。

西安兵諫

一九三六年丙子，命宮天機會流年祿權科（圖三十一），衝動本命的祿權科，大運擎羊，流年羊陀。是年蔣在國內的威望達於頂峰，陳濟堂之叛，輕易解決；桂系李、白又重新接受中央任命；中央勢力又打入西南各省。除了東北陷日與中共中央一小股紅軍盤踞陝北之外，各省大致奉中央號令。

但流年交友宮在巳宮，廉貞化忌（丙年）、貪狼；會武曲化忌（壬運）、七殺，紫微、破軍。兄弟宮則借交友宮諸星入度，故部屬叛變，險遭不測。此二宮雖見凶危，但命宮強旺；福德宮又借一「福」一「蔭」入守，且雙雙化為祿星，故有驚無險。是年十二月十二日，張學良，楊虎城（1892-1949）發動西安事變，迫蔣停止剿共，促成國共再次合作。

是年田宅宮見天府雖有三重魁鉞，但會武曲化忌及兩重羊陀夾的廉貞化忌，天相又為刑忌夾（巨門化忌被流年擎羊衝起），故國共二度合作，實為日後「失國」的禍根。

斯大林對中共的存亡死活並不放在心上，更無心與德日兩國法西斯主義侵略抗衡，一九三九年更與德簽訂互不侵犯條約。只望中國全力抗日，以免日人北進；遂下令中共奉蔣為抗日領袖，否則以當時中共諸首腦恨蔣之切，蔣若落彼手中，必死無疑。

傷亡慘重

七七事變之後，日軍進兵神速，年半之間上海、徐州、武漢三次大戰，國軍傷亡慘重，僅得晉北平型關、魯南台兒莊兩次勝利。三七年底日軍在南京大肆殺戮；三八年六月國軍掘毀豫北花園口黃河堤防以阻日軍，豫、皖、蘇三省人命與經濟損失慘重。

國共雖云合作，實各懷鬼胎，明爭暗鬥。毛澤東有言：「七分擴張，二分對付（國民黨），一分抗日。」八路軍、新四軍多次襲擊中央政府在淪陷區的部隊。蔣再次容共亦為勢所迫，至四一年底遂有第一次及第二次反共高潮，四一年一月更發動皖南事變，撤消新四軍的番號。

一九三九年以後，日軍受地形限制，攻勢略緩，局勢漸趨穩定。由一九三九至四一年間，再有多次戰役。敗的無謂細數，卻有四次較大勝利。依次為一九三九年九月第一次長沙大捷，殲敵四萬人；一九四〇年八路軍百團大戰，殲敵約三萬人；一九四一年九月第二次長沙大捷，殲敵約五萬人；與及一九四二年一月第三次長沙大捷，殲敵五萬人。

這幾個流年無甚好講，讀者可自行檢視各流年。

第八章　退倭失國

辛亥運（五十六至六十五歲，西元一九四二年至一九五一年）

「萬歲」！「戰犯」！

中國加入同盟國之後，一方面得到外國援助，不必再獨撐困局，但國民政府亦處處受美國制肘。一九四三年第三次反共高潮，蔣原欲一舉消滅陝北紅軍，因國內種種問題及美蘇關注而未有成事。一九四五年美國以兩枚原子彈迫使日本投降，不久國共即行內戰，中共得蘇俄之助迅速在東北受降，實力非江西時期可比。一九四六年底蔣揚言於八至十個月內消滅中共；四七年中共反守為攻；四八年遼瀋、淮海、平津三大戰役，國民政府損失兵員達一百五十萬；四九年中華人民共和國成立；五〇年韓戰爆發，美國派第七艦隊防衛台海，國共在台海兩岸對峙至今。

一九四三年國民政府主席林森逝世，蔣得以重任十二年前因九一八事變而失落的國家元首之職。一九四五年日本投降，毛澤東到重慶談判，高呼「三民主義萬歲，蔣主席萬歲。」一九四八年，蔣在戰亂中晉位總統，十二月兵敗如山倒。毛澤東乘戰利餘威宣佈國民政府高官自蔣以下四十三人為戰犯，三年前的「萬歲主席」一變而為「頭號戰犯」。四九年一月蔣三度下野，十二月國民政府遷台；五〇年三月蔣復出，自此「中華民國總統」的號令僅及於台灣一省。

枉歌《大風》

蔣的辛亥大運命宮在亥宮無正曜，（圖十三）借對宮廉貞、貪狼入度。會天府，天相，為府相朝垣。命盤的火、羊、陀三煞與空劫會照，天相雖有財蔭夾（辛運巨門化祿），但亦有雙忌夾命（巨門化忌在午，辛運文昌化忌在辰），本宮則有科權夾（天機化科在子，辛運太陽化權在戌）。蔣一生之中只有兩個大運的命宮會不上三吉化，第一次為未發跡前的癸卯大運，第二次即是此一辛亥大運。三方一無吉化，吉星僅得一點天魁，力量薄弱；雖有雙祿夾、科權夾，但因廉貞貪狼在巳宮雙雙落陷，本身既無吉化、亦無六吉輔佐，吉夾亦無用。

在這大運之中，蔣終於成為中華民國第一任總統，對北洋時代的總統一概不予承認，孫文的非常總統亦不當是名正言順。雖然蔣勉強的當上了總統，完成了「豈為封侯」的大志，但此時蔣已過了一生權位的最高峰，只能做個名不副實的總統。

早在一九三九年，吳佩孚因為晚節攸關，堅決不肯附日，在北平被日人害死，那時蔣有一挽聯，充分流露出蔣的志向：

落日黯孤城，百折不回完壯志。
大風思猛士，萬方多難惜斯人。

所謂「大風」，典出於漢高祖劉邦的《大風歌》，歌曰：

大風起兮雲飛揚，
威加海內兮歸故鄉，
安得壯士兮守四方。

可惜四十年代末的這番風起雲湧，卻都是衝著蔣的功業而來，抗日勝利，蔣的歷史任務亦近於完結，去國還台之後，他在中國歷史舞台上變成了二線角色。一九四九年初蔣最後一次回鄉，在溪口逗留了兩個月，這時蔣雖成為新任的「高祖皇帝」，卻不再「威加海內」；國共內戰中，陳誠（1898-1965）、劉峙（1892-1971）、熊式輝（1893-1974）、傅作義、衛立煌（1897-1960）等人也不是能守四方的壯士，只有坐鎮西北的胡宗南（1896-1962）打過點勝仗，曾一度攻克延安；而長沙三次大捷的主角薛岳（1896-）

也沒有顯身手的機會。

位列「四強」

大運的田宅宮在寅宮，借天同化權、天梁；會巨門化祿（辛運）衝化忌，太陽化權（辛運）交會，羊陀交會。巨門化祿與太陽化權在三合宮會照，每主與異族人或異鄉人交涉，但此一巨門化祿既衝動原局的化忌，又會大運羊陀，天同天梁星系又不喜陀羅同宮，故雖得外援，亦添紛爭。戰時中國雖然入加了同盟國，成為所謂「四強」之一，實則受盡制肘；五〇年韓戰爆發，美國重新考慮到全球戰略，派第七艦隊衛護台海，「干涉中國內政」，令中國多留一片淨土，千多萬中國人免於日後中共歷次「運動」之苦。

父母宮在子宮，天機會原局的祿權科忌，巨門再化為祿，文昌則化為忌；與及左輔，流昌，流鉞，流陀。見流昌單星更衝動文昌化忌，主與上司多誤會紛爭。一九四三年蔣重任國府主席，在國內的上司原本就只有一個國民政府委員會，但都管不了蔣；而蔣當上了同盟國中國戰區統帥之後，反而多出了一個上司，在緬甸戰場上與英美鬧得不甚愉快，英國埋怨中國征緬軍戰力低，中國則不滿英軍只顧自己，不理友軍死活。

御下無方

蔣本命的交友宮武曲七殺而煞重無祿，已具下屬背主的性質。大運交友宮為太陰化祿與文昌化忌（辛運）、鈴星同度；雖見祿權科會，但一點文昌化忌被子宮流昌（辛運）衝起，力量更強，再見羊陀，足以破壞全局；巨門化祿衝化忌雖不在三方會照，但仍需對宮的太陽解暗，而太陰又需要太陽光照，所以這一受衝動的巨門化忌對太陰亦有間接影響。祿權科會僅為下屬以權謀私，人人大發國難財，臨陣又每多解甲降敵，以致令蔣為下屬所誤；假如原局交友宮無欺主的傾向，則僅為與下屬多誤會（文昌化忌每主文書失誤）。

兄弟宮太陽化權，亦會祿權科忌疊見，且為文昌化忌、巨門化忌與三煞同會，平輩同僚亦人人發財，連襟孔祥熙、「國舅」宋子文兩位搜刮尤力，故有「孔宋誤國」之說。又因疊權疊忌而煞重，故有平輩部屬奪權。三大戰役慘敗之後，大局傾危，桂系還再次迫宮，令蔣三度下野。

一九四九年初蔣被迫第三度下野時曾有言：「我現在不是被共產黨打倒的，是被國民黨打倒的。」雖有諉過於人之處，亦可表現出黨內上下異心。

蔣自己用人不當，更兼性情暴燥，治下無方。抗戰後期國民黨內高官亦每謂：「蔣主觀太重，厭聽直言」。

自一九四三年起，國軍士氣已壞，國民黨黨政腐敗，社會上物價大漲，商人囤積；工業生產停滯；軍人明目張膽的走私；時人有「工不如商，商不如囤」之說。

抗戰勝利後，蔣自信過高，沉醉於第五次圍剿大勝的舊夢之中，以為可在短期內消滅中共。在戰略上又犯了嚴重錯誤，共軍集中進攻鐵路、礦區、鄉村，奪取糧食物資，又避免與配備美式精良武器的國軍主力決戰，只挨機包圍小股國軍予以聚殲。國軍則猛攻城市，以致兵力損耗，給養困難。蔣本人只知拉攏軍人，忽略人民，國府控制區內「生之者寡，食之者眾」。毛則不重城市一時得失，以土改爭取農民支持，故解放區內除了少數被清算的「地主」之外，人民基本得到溫飽。

蔣又不懂經濟，一任孔宋把持，只知濫發鈔票，令經濟崩潰。二三十年代靠孔宋之助，戰勝閻馮，此時卻因孔宋而誤國。此外國民黨的特務機構又常借「肅清漢奸」為名，侵吞私人財物，民怨更盛。最後在戰場上連翻大敗，美國總統杜魯門不願再支持國民政府，若非韓戰爆發，更恐難偏安數十年。

蔣受部屬所誤，除了要看交友宮之外，仍需兼視福德宮。蔣為人暴燥，原局福德宮羊陀夾巨門化忌，性格多疑。巨門之暗，唯有廟旺或吉化的太陽可解。大運福德宮「輔弼夾帝」亦不能改變巨門化忌的「猜疑」本質；紫破得祿亦僅為主觀，故高官直言時政，即以通敵（主要指中共而言）奪權視之。上下離心，試問焉能不敗？

內外交困

一九四四年甲申，為蔣於抗戰期間，精神最為苦惱的一年，蔣經國稱之為「最險惡的一年」。豫湘粵桂四省大片土地陷日，守河南的湯恩伯（1899-1954）部不戰而潰，美國對國民政府諸多不滿，又多方與延安方面接觸。是年蔣的福德宮在戌，太陽化忌衝化權，會文昌化忌與巨門化忌，精神痛苦可知。

十月蔣以「一寸山河一寸血，十萬青年十萬軍」為號召，組織新軍。日本海軍在太平洋戰事慘敗，華南日軍調防華中防範美軍登陸。國軍新軍於四五年反攻，七月克服桂林。日本海軍雖已在四四年潰敗，但陸軍實力仍在，數十萬關東軍尤稱精銳。美國因四四年華南戰情而對國軍的戰鬥力失去信心，不願派遣大量陸軍到中國戰場，但又要日本無條件投降，故極力要求蘇聯參戰。

四五年二月十日（未過正月初一，尚在甲申年內），美國總統羅斯福、英國首相邱吉爾與蘇聯元首斯大林在黑海的雅爾達會面，簽訂《雅爾達密約》，英美為了爭取蘇聯參戰，出賣了中國的利益。密約指定蘇聯在德國投降後兩至三個月內向日宣戰，並容許蘇聯控制我國東北的中東、南滿兩條鐵路及旅順、大連兩海港。

受降之戰

一九四五年乙酉，美國以兩枚原子彈令日本屈服，日本遂於是年無條件投降。所謂「無條件投降」即是徹底戰敗，比中日甲午戰爭更慘，戰敗國對戰勝國不保留任何條件的投降。戰敗國在投降後必須立即執行投降書內規定的所有條款，與及戰勝國以後可能發出的其他命令。第二次大戰中，德日之降即屬於此。日本後來甚至要更變國體，在美國的控制之下行「虛君立憲制」，德國更一分為二。

蔣的流年命宮武曲七殺（圖三十二），見大運流年兩重祿存及紫微化科，故得到一點領導抗戰勝利的美名。流年子女宮見巨門祿忌相衝；疾厄宮則見太陰祿忌相衝，兼與文昌化忌同度；財帛宮被夾故然影響命宮，父母宮及田宅宮都亦同時受到此兩宮的忌星照射，大運此二宮皆有缺點（見前述），故是年必生事端。

父母宮太陽化權，因借會天同天梁一組星曜，形成三重化權會照，煞星則有大運流年兩重羊陀及鈴星會照。權星疊疊，必須煞輕，否則必主壓力，故是年必為「異鄉上司」重重壓力之下所誤，太陰文昌齊化忌又主受騙。

田宅宮煞較輕，又有祿權科會，但畢竟忌星重重，又見巨門太陰皆為祿忌相衝，服務機構行使職權必受阻礙。

是年五月，德國投降。美國於八月六日及八日，先後在日本的廣島及長崎投下原子彈；九日蘇軍入東三省；十日日本接受無條件投降。

日本投降之後，接下來最重要的是受降問題，此時仍有大批裝備精良的日軍及降日偽軍駐在大江南北。中共以就近華北的地利，搶先受降，得到大量裝備物資及兵員。

八月十四日國民政府與蘇聯簽訂《中蘇友好同盟條約》，蘇聯名正言順控有中東、南滿鐵路及旅順大連，並允三個月內自東北撤兵；是日同盟國統帥指定中國戰區日軍向蔣領導的國民政府投降。而中國解放區總司令朱德聲言：「國民政府不能代表中國解放區總區受日、偽軍投降。」受降之戰近在眉睫。

八月下旬，日本關東軍向蘇軍投降，蘇軍協助共軍赴東北受降，毛澤東、周恩來到重慶談判，但談判並無結果。九月毛在一次參政會茶會上高呼：「三民主義萬歲，蔣主席萬歲。」十月共軍正面與國軍爭先受降，破壞鐵路，阻止國軍北上，又拒絕國民政府的縮編建議。蘇聯又不準國軍在大連登陸，共軍遂在東北生根。蘇聯之所以阻撓國軍接受東北，實為覬覦日人自一九三一年入侵東北後、十多年來經營的工業設備。

四六年一月杜魯門派馬歇爾到華調停國共內戰，仍在乙酉年中。

戰局逆轉

一九四六丙戌，共軍在東北約有五十萬之眾。多番談判，戰戰停停，都無結果，上半年國軍接連打了幾個勝仗，美國的調停無效。

是年七月，共軍改稱「中國人民解放軍」，國民政府在軍事上的些微勝利不足以解決政府控制區內的經濟困局。是年十二月，蔣昧於時勢，以「中國經濟以農村為基礎，無崩潰危險」，尚揚言八至十個月消滅共黨云云。

蔣流年命宮、福德宮皆見祿權科忌交會（圖三十三），但亦煞忌重重。雖躊躇滿志，實為失計。交友宮見廉貞化忌，且為羊陀夾。廉貞化忌主感情有損，故部屬離心，暗伏危機。

一九四七丁亥，流年命局之劣已見前述（圖三十四）。上半年互有勝負，三月胡宗南部攻克延安；在山東則失利。是年七月解放軍開始反攻；國民政府亦下令全國總動員「戡平共匪」。

由內戰初起至四八年初（丁亥年底），國軍由四百三十萬減至三百六十萬，解放軍則由一百三十萬增至二百八十萬。單就兵力而言，已相去不遠，但解放區以農村為主，無需駐以重兵；政府轄區以大城市為主，故兵力分散，兼且物價飛漲，士氣低落，敗局已定。

冰消瓦解

一九四八年戊子，流年命宮見祿權科忌四化交會（圖三十五），令人眼花撩亂。因有本命巨門、大運文昌、流年天機三重化忌，及三煞齊會，本命的祿權科亦無力相抗。天機化忌主「失計」，是年如濫用計謀，破敗更大。大運劣，上一年又劣，國共形勢逆轉，故又不得不用計，時勢所迫，如箭在弦。

是年蔣晉位總統，八月發行金圓券，三個月內完全失敗，經濟崩潰，民怨沸騰。遼瀋、淮海、平津、三大戰役，國軍兵員再減損一百五十萬。

四九年一月蔣第三度下野，但仍握有實權。

一九四九年己丑，粗看流年，不算太壞，命宮為有祿權會（武曲化祿，貪狼化權）的紫微破軍（圖三十六），會兩重羊陀，廉貪為雙忌夾，本宮亦有吉夾。可是推算流年不能孤立一年來看，試問在劣運之中豈無祿權科會的流年？在此破敗大運之中連經幾個極劣的流年，根基經已崩潰，故此是年雖見祿權，亦不能力挽狂瀾。

尤須注意流年的田宅宮，太陰會祿權科，但文昌文曲一對文星一同化忌，服務機構的信譽已蕩然無存；鈴星同度，更見波動。

解放軍挾三大戰役之餘威，於是年四月渡長江，陷首都南京，國軍士氣已崩，一再不戰而潰，五月之內華中各大城市如上海、杭州、武漢、九江、南昌相繼失守，西北重鎮西安亦於是月失陷。是年七月蔣在廣州又發行銀圓券，人民信心盡失，不久即成廢紙。

十月一日中華人民共和國在北京正式成立，四野部隊連續「解放」華南地區，十二月國民政府遷台。五〇年一月五日美國表示以無意軍事援台，六日英國率先承認中華人民共和國，都在己丑年內，大局岌岌可危。

一九五〇年庚寅，流年命宮借被羊陀的天同化忌，祿馬入命，太陽巨門都見吉化，故得異鄉人之助。解放軍以海軍力弱，未能在「解放」中國大陸之後立刻攻台，錯失時機。是年三月蔣復職總統，六月二十五日韓戰爆發，北韓南侵。二十七日美國對華政策大變，杜魯門謂：「中共解放台灣，將直接威脅太平洋地區的安全。」於是派遣第七艦隊駐台，保衛台海。十月，中華人民共和國派遣志願軍「抗美援朝」，中美展開大戰。中共陷入韓戰漩渦，國民政府得以偏安一隅。

搜刮蒼生

蔣只抓軍事，不管經濟，任由中上各級官員營私。大運兄弟宮與交友宮都見祿權科忌，逐年檢視，可見官吏之腐敗。

一九四三年癸未，兄弟宮在午，交友宮在子，兩宮都見重重疊祿。兄弟宮巨門祿權銜忌，交友宮更會文昌化忌，發財必不由正道。蔣為國家元首，戚友部屬如此，士氣焉能激昂？

一九四四年甲申，交友宮在丑宮，會流年祿權科；兄弟宮在未宮，有大運財蔭夾，又會祿權，人人繼續發財。

一九四五年乙酉，兄弟宮在申宮，疊化權星，會天機化祿主機謀得財，會太陰及文昌化忌，財來必為「不義」；交友宮在寅宮，權星三見，又為弄權之徵。

一九四六年丙戌，流年祿存入交友宮，又借入兄弟宮；前幾年開了財源，有了基礎，一點祿存即為「細水長流」。

一九四七年丁亥，交友宮在辰宮，太陰雙化祿；兄弟宮太陽化權亦會重重祿星。是年禁止黃金外滙買賣，實施物價管制，執掌經濟之官員更多搜刮機會。

一九四八年戊子，貪狼化祿在交友宮而疊祿，兄弟宮借入這一組星曜後更會火星，火貪格成。是年發行金圓券，良民破產，奸吏暴發。

一九四九年己丑，流年祿存入午宮（交友宮）為疊祿。是年在廣州又發行銀圓券，作最後搜刮。

第九章　「王業」偏安

庚戌運（六十六至七十五歲，西元一九五二年至一九六一年）
己酉運（七十六至八十五歲，西元一九六二年至一九七一年）
戊申運（八十六至九十五歲，西元一九七二年至一九八一年）

「毋忘在莒」

諸葛亮《後出師表》有謂：「王業不偏安。」自古偏安一隅的小朝廷終究不能有所作為，五十年代的蔣中正已是年逾花甲，精力早衰。而在台海彼岸的對手，又是一個擁有強大兵員、上下團結、及穩定中央政府的新興中國，不是二十年代四分五裂的各省軍閥可比，「反攻大陸」只是空談，「毋忘在莒」亦不過是一種姿態，「中華民國」只能托庇於「友邦」第七艦隊的保護傘之下。

蔣在台灣繼續當了二十多年的總統，說不上是勵精圖治，不過比起在大陸期間，國民黨在政治確是有了些進步。台灣在六七十年代以後經濟起飛，成為亞洲四小龍之一，國民政府將庫存黃金帶到台灣，自是重要原因之一，而國民黨上下之痛定思痛，改過遷善，亦不容否認，有不少論者謂國民黨人在戰後能如五六十代在台時一般的清廉，就不會在內戰中慘敗。當然這種論點是永難證實。

安樂晚年

蔣經歷一生奮鬥，終於可於晚年在台灣過點平淡安靜的日子。庚戌大運命宮落陷的太陽化祿會太陰化祿（圖十四），借會申宮天同化忌（大運）衝化權（本命）、天梁，與及午宮的羊陀夾忌。太陽落陷而化祿，光不眩目，柔和適中，晚運逢之最妙。但原命局太陰守命，一陰一陽氣機不投，故此蔣在此時不過是「吃老本」，局面已是今非昔比。

然而事業財帛兩宮皆為羊陀夾忌，雖然總統照做，但事業已大不如前。福德宮見兩組羊陀夾忌會照，精神仍有困擾，但巨門之暗得太陽化祿稍解，不算大壞。國共在五十年代有零星小規模的衝突，起初雙方都有傷亡，但比起在大陸時的慘況卻是微不足道，到後來的「金門砲戰」就形同兒戲，不過是「官樣文章」而已。

田宅宮見魁鉞貴人，故國府（蔣的服務機構）憑一紙《中美共同防禦條約》，可保台海風平浪靜。

此一大運之中僅一九五五年，發生「屏東兵諫」事件，有點風波。是年歲次乙未，蔣的交友宮天機會齊三點化忌，命宮又為雙忌夾，被夾的且為天相（圖三十七），故主部屬叛變。但流年見紫微化科在對宮正照，大運又佳，故並無凶危。結果事件的主角郭廷亮被處死，參軍長孫立人（1900-1991）受牽連而被迫辭職，幽禁終生。

「退出」聯大

己酉大運武曲化祿在命（圖十五），權位無損。十年之內無甚大事可記，僅一九七一年國府終於失去聯合國之席位。自國府遷台之後，外交形勢日蹇，在聯大多次受到圍攻，至此中國常任理事國的席位遂落入北京手中。是年歲次辛亥，田宅宮在寅見巨門、文曲兩忌星及流年羊陀會照（圖三十八），故不利，但亦無太大的實質損失。

父業子承

戊申大運祿權科忌齊會（圖十六）。子女宮貪狼化祿與大運祿存同度，又見天巫（遺產之星），故於大運中父業子承。一九七四年甲寅，流年子女宮在亥，借貪狼廉貞入守（圖三十九），流年廉貞化祿，即為正副桃花皆化為祿，正式接班的安排應已完成。翌年蔣方才去世。

用術數推算壽元，有時很難說當事人必死或必不死，畢竟算命不是一加一等於二那麼簡單，古今各種術數皆然。長壽的定義古今不同，現代人平均壽命不斷提高，幾十年前被視為絕症的疾病，在於今天可能變成微不足道。

手頭上沒有中國人平均壽命演進的數據，就借用西方世界的資料助談。在十七至十八世紀，一般歐洲人的平均壽命僅為三十二歲；到十九世紀下半葉，升至四十一歲；二十世紀上半葉，則為五十二歲；到今天我們這一輩的成年人（台灣、香港已不是發展中地區，足與西方並列），平均可望活至七、八十歲。

學過子平的人都知有「曲直仁壽格」，即是五行之中木旺之極，主富貴長壽，木之德性為仁，故以「仁壽」稱。近世有兩位政界名人合於此格，一為清末名臣合肥李鴻章，生於一八二三年，歿於一九〇一年，壽七十九歲；一為皖系段祺瑞，亦為合肥人，生於一八六五年，歿於一九三六年，壽七十二歲。李的命格較純，而段的命格略次，但二人都壽不過八十。但李於十九世紀上半葉已成年，而段在十九世紀下半葉成年，以其所生年代視之，實屬高壽，今日視之，僅為一般。故學命不可拘泥於古法，不知通變。

以紫微斗數算死期，一般視命宮、福德宮與疾厄宮。疾病仍以視疾厄宮為主；如為勞心過度、精神病或濫用藥物致死，需特別注意福德宮；意外災厄則兼視遷移宮，《太微賦》謂：「七殺廉貞同位，路上埋屍。」即是此類。有時又需兼視田宅宮。但如為老年人體力衰竭而壽終正寢，則視交友宮（舊稱奴僕宮），當中的道理十分微妙，試想人死了之後骨肉至親雖不能再相廝守，但名份仍在；個人名位事業亦不是倏然而止，人死了甚至還可以繼續生財；只有「奴僕」的服務是「及身而止」，一死了就不得再享分毫。

一九七五年乙卯，流年交友宮為天同天梁（圖四十），會太陰及天機化忌，鈴星及流年羊陀等煞；疾厄宮則為太陽見太陰及巨門化忌等星，故是年死於「老人病」，死時應當無甚痛苦，官方的說法是死於突發性心臟病，以傳統觀念視之，死得「很有福氣」。

附錄一：陰精入土格

（一）六十年後相同的「陰精入土格」

命格相同的人際遇是否相同，經常是中國傳統星命之學要探討的話題。

蔣介石紫微斗數命盤的命格為「陰精入土格」，按照紫微斗數的起例，六十年後必有年月日時相同的命造出現。這與「子平」不同，六十年後，年柱月柱雖同，但每月三十日未必一定有重覆出現相同的日柱。

蔣氏在丁亥年（一八八七）農曆九月十五日午時出生，六十年後即一九四七年丁亥農曆九月十五日午時，又有一個相同的命出現。而且五行局相同，上運轉運的年歲亦相同。

上世紀四十年代，中國總人口不足五億，一九四七年再有一個與蔣介石斗數命格相同的人在中國出世不足為奇。但是六十年後世運不同，可以列成一簡表。

簡單比較六十年後的中國國運，可以得見在蔣介石壯年時期，經歷壬寅、癸丑、壬子、辛亥四個大運。

大運	蔣介石	一九四七年生某男
甲辰（六歲——）	一八九二至一九零一，清末，甲午戰爭、八國聯軍	一九五二至一九六一，三面紅旗時代
癸卯（十六——）	一九零二至一九一一，清末，中華民國成立前夕	一九六二至一九七一，文化大革命
壬寅（廿六——）	一九一二至一九二一，北洋軍閥混戰、南北對峙	一九七二至一九八一，文革結束、改革開放
癸丑（三十六——）	一九二二至一九三一，國共內戰、日本公然侵華	一九八二至一九九一，繼續改革開放
壬子（四十六——）	一九三二至一九四一，國共和解、日本全面侵華	一九九二至二零零一，中國經濟高速增長
辛亥（五十六——）	一九四二至一九五一，第二次世界大戰、國共內戰	二零零二至二零一一，中美全面競爭
庚戌（六十六——）	一九五二至一九六一，三面紅旗時代	二零一二至二零二一，？？
己酉（七十六——）	一九六二至一九七一，文化大革命	
戊申（八十六——）	一九七二至一九八一，文革結束、改革開放	

中國連年戰爭，經濟艱難，卻有利於「武人」發跡。六十年後相同的命格，在壯年時期同樣四個大運，卻遇上中國近代最少受戰禍影響的歲月，可說「生不逢時」而「英雄無用武之地」。

這樣的命，會否在軍界、警界中得露頭角？

讀者諸君如認識這樣的人物，歡迎提供資料，大家或可以交個朋友。

（二）與蔣介石同月生的「陰精入土格」

事實上，一八八七年丁亥農曆九月，還有兩個日子可以排得出大局與蔣介石大同小異的「陰精入土格」。一個在九月五日，一個在九月二十五日。

同樣是火六局，大運相同，同年上運、同年轉運。只差三台、八座，恩光、天貴兩組主貴（社會地位和名聲）的雜曜。

	三台八座	恩光天貴
蔣介石（十五日生）	三台在寅、八座在子。與左輔、右弼同時夾子女宮紫微破軍。	恩光在巳、天貴在亥。影響父母宮與疾厄宮。
某男（五日生）	三台在辰、八座在戌。與文昌、文曲同時對照命宮與遷移宮。	恩光在未、天貴在丑。對照子女宮與田宅宮。
某男（二十五日生）	三台在子、八座在寅。與左輔、右弼同時夾子女宮紫微破軍。	恩光在卯、天貴在宮。對照兄弟宮與交友宮。

從命盤上三台八座、恩光天貴的宮位，可以怎樣分辨三個命造的差異？

若要穿鑿，則蔣與「二十五日生男」的三台八座利子女宮，「五日生男」的三台八座則利自身。難道「五日生男」的貴顯程度還要高過蔣介石？

至於恩光天貴，則在蔣是提高父母的社會地位，在「五日生男」是影響家族與子女，在「二十五日生男」則影響兄弟和朋友。但是這對恩光天貴沒有跟左輔右弼、文昌文曲、天魁天鉞等六吉會合，力量稍嫌微薄。對子女宮的紫微破軍、兄弟宮的天府幫助較大，因為紫微、天府分別是南北斗主星，對父母宮的廉貞貪狼來說，助力就更小。

證諸史實，蔣介石一度是中國全國最高領袖，約略等同古代的帝皇。另外兩位同命格的人，一個早蔣十日出生，一個遲十日出生，到底世上有沒有這兩個人物？會不會剛巧這兩個時辰全中國沒有男孩誕生？

若有，他們的人生又是怎樣？

這個將是讀者諸君研究紫微斗數的有趣課題。

(三) 斗數同格、八字不同

蔣介石的四柱八字是：

丁亥

庚戌

己巳

庚午

蔣介石的八字是「金神入火鄉」的格局，前賢已有詳細批註。

行運方面，八歲起運己酉，十八歲戊申，廿八歲丁未，三十八歲丙午，四十八歲乙巳，五十八歲甲辰，六十八歲癸卯，七十八歲壬寅，八十八歲辛丑……。

三十八歲起的十年行丙午運，四十八歲起的十年行丁未運。對應斗數盤三十六歲起的癸丑運紫微破軍化祿，與及四十六歲起的壬子運天機化科會齊祿權科忌。
二十年好運，造就出一個全國領袖。
早蔣介石十天出生的「五日生男」，其八字是：
丁亥
庚戌
己未
庚午
日支轉為未，不及蔣造巳火內藏丙火，在丙運大發。未是燥土，藏丁火餘氣，是其差異。
行運方面，卻是四歲起運己酉，十四歲戊申，廿四歲丁未，三十四歲丙午，四十四歲乙巳，五十四歲甲辰，六十四歲癸卯，七十四歲壬寅，八十四歲辛丑……。
遲蔣介石十天出生的「二十五日生男」，其八字是：
丁亥
辛亥
己卯

庚午

此造已交立冬，完全不是那一回事了，不過行運反而與蔣造相似，相差三年。

一歲起運庚戌，十一歲己酉，廿一歲戊申，三十一歲丁未，四十一歲丙午，五十一歲乙巳，六十一歲甲辰，七十一歲癸卯，八十一歲壬寅……。

三個同樣是斗數「陰精入土格」的命，同月而生，四柱八字不同。

讀者諸君可以用作有趣的研究個案。

(四) 丙年生的「陰精入土格」

前引陸斌兆先生的論述：

「(太陰) 辰宮，名『天常』。喜與屬金之星曜相會，若會照化祿、化權、化科，主為人之領袖，參予戎機，掌握軍警大權，名震四海，此陰精入土之格。」

屬金的星曜，其實特指文昌！此外是擎羊陀羅。

文昌、擎羊屬陽金，陀羅屬陰金。

其餘六吉星之中，天魁陽火、天鉞陰火；左輔陽土、右弼陰水；文曲陰水。此外，祿存陰土，天馬陽火。還有煞星之中，火星陽火、鈴星陰火；地空陰火、地劫陽火。

丙生人文昌化科，亦可以滿足「陰精入土格」的條件，現介紹一個比蔣介石大一歲的「陰精入土」命，一八八六年九月一日午時生（圖四十二）。

這個丙年生人的「陰精入土格」，有文昌、陀羅兩顆屬金星曜同宮。但父母宮是「羊陀夾忌」，不利出身。初運壬辰，父母宮廉貞化忌會武曲化忌，本局已有地空、地劫、天刑，刑忌已重，日生人命宮太陰落陷，必有孝服。

陽男大運順行，十二歲癸巳運貪狼化忌衝起原局「羊陀夾忌」的廉貞化忌，會破軍化祿只不過是少年投身社會，不得父母蔭庇之徵。

二十二歲甲午運，巨門擎羊會戌宮大陽化忌，亦是一步弱運。

三十二歲乙未運，天相火星，得紫微化科、破軍正照，仍不是開創的大運。

四十二歲丙申運，天同雙化祿天梁，才首次擺脫煞忌的直接影響，但仍受火鈴夾命的破壞。

五十二歲丁酉運，武曲七殺鈴星，亦嫌過於動蕩。

總體來說，丙年生人的「陰精入土格」，行運比丁年生人差了很遠，是命高運蹇的格局。所以，只有丁年生人的「陰精入土格」才可以成就大業。

當中還有一個重要竅訣，就是大運經行子丑寅卯四宮的話，子寅宮天干相同，丑卯宮天干亦相同，不論吉凶都會延續重覆。

假如遇上吉利的天干，可能有四十年好運。以蔣介石的斗數盤為例，壬癸兩干都有利，於是癸卯（天府）、壬寅（借天同天梁）、癸丑（紫微破軍）、壬子（天機）都屬好運。

附錄二：韋千里批蔣中正八字

韋千里（1911-1988），著名命理家，在蔣中正事業如日中天的時候，竟然「勸退」。以下簡批，見於一九三五年出版的《千里命稿》：

丁亥
庚戌
己巳
庚午

此蔣委員長之命也。庚金傷官，既得九秋餘氣，矧復雙透干頭。妙有火印制傷，天生康莊之體。《三命通會》所載：「金神人火鄉，貴為王侯者是也。」夫以傷官佩印為用，運喜逢印。不必再見傷食。

早年申酉，有駿骨牽鹽之歎。
丁未運為火力不足，龍潛於淵。
迨丙午運，火候功深。風雲際會，功業昭然矣。
乙巳運木火媲美，仍是從心所欲。措天下泰山之安，奠國家於苞桑之固。

甲辰運傷官見官，解組歸田，是為上策。

前賢論命惜墨如金，行文措詞多用典故，需要稍為解釋。

首先韋先生以蔣造九歲起運，筆者認為應該八歲起運。

蔣氏生於清光緒十三年丁亥夏曆九月十五日午時，即公曆一八八七年十月三十一日。

丁年生人屬陰男，大運由出生日逆數至當月節氣，每三日換一年。大運干支由生月逆行。當年戌月節寒露在公曆十月八日，前後僅二十四日，當以八歲起運為是。

蔣氏生於庚戌月，第一大運己酉管八歲至十七歲，戊申運十八歲至二十七歲。

「駿骨牽鹽」，用《戰國策・楚策》的典：「夫驥之齒至矣，服鹽車而上大行。」駿骨指良馬，要千里馬拉載鹽的車，當然是大才小用，屈屈不得志。

丁未運二十八歲至三十七歲，在一九一四至一九二三，蔣氏斗數盤的壬寅大運管一九一二至一九二一。「龍潛於淵」用《易・乾》的典：「初九，潛龍勿用。」又：「九四，或躍在淵，无咎。」

丙午運三十八歲至四十七歲，在一九二四至一九三三，蔣氏斗數盤的癸丑運管一九二二至一九三一。

乙巳運四十八歲至五十七歲，在一九三四至一九四三，蔣氏斗數盤的壬子運管一九三二至一九四一。

「苞桑」用《易．否》的典：「九五休否，大人吉；其亡其亡，繫于苞桑。」苞桑是桑樹的根，比喻根深蒂固。後世用「苞桑」指帝王居安思危，就能保衛國家。

《易傳．繫辭下》：「子曰：危者，安其位者也；亡者，保其存者也；亂者，有其治者也。是故君子安而不忘危，存而不忘亡，治而不忘亂。是以身安而國家可保也。《易》曰：『其亡其亡，繫于苞桑。』」

甲辰運五十八歲至六十七歲，在一九四四年至一九五三年，蔣氏斗數盤的辛亥運管一九四二年至一九五一年。

「解組歸田」是退休。組，是繫在官印的絲帶。《千字文》：「兩疏見機，解組誰逼？」漢朝大臣疏廣、疏受叔侄見機辭官。但是蔣的命是「帝王級」，韋公的簡批已經含蓄地點明，帝王沒有退休這回事。按命理，則不論子平或紫微斗數都可以預卜蔣氏應該在第二次世界大戰結束後「解組歸田」，但是從軍從政到了這個級數，似乎身不由己。

韋公這份簡批，在一九三五年發表，蔣氏的子平命造已入乙巳大運。一九三六年西安事變，與及八年抗戰還未發生，韋公批為：「從心所欲。措天下泰山之安，奠國家於苞桑之固。」非常準確。至於「解組歸田」四字，尤為直率，足為後學借鑑也！

附錄三：斗數盤

圖一：蔣中正斗數命盤

△陀羅 天馬 地劫 地空 貪狼 廉貞 恩光 天巫 天盧 天刑 天廚 乙巳 父母宮 絕 力士 歲驛 歲破	祿存 巨門(忌) 旬空 龍德 丙午 福德宮 墓 博士 息神 龍德	△擎羊 天相 旬空 華蓋 天哭 丁未 田宅宮 死 官府 華蓋 白虎	天同(權) 天梁 天德 封誥 劫煞 戊申 事業宮 88-95 病 伏兵 劫煞 天德
文昌 △鈴星 太陰(祿) 大耗 紅鸞 月解 月德 甲辰 命宮 身宮 6-15 胎 青龍 攀鞍 小耗	丁亥年九月十五日午時 陰男　蔣中正	火六局 命主：巨門 身主：天相	天鉞 武曲 七殺 天使 天姚 破碎 己酉 交友宮 76-85 衰 大耗 災煞 弔客
△火星 天府 天才 龍池 截空 天壽 癸卯 兄弟宮 16-25 養 小耗 將星 官符			文曲 太陽 (斗) 陰煞 寡宿 天喜 庚戌 遷移宮 66-75 帝旺 病符 天煞 病符
右弼 三台 天官 孤辰 截空 天月 壬寅 夫妻宮 26-35 長生 將軍 亡神 貫索	破軍 紫微 一歲 蜚廉 癸丑 子女宮 36-45 沐浴 奏書 月煞 喪門	左輔 天機(科) 天空 咸池 八座 台輔 壬子 財帛宮 46-55 冠帶 飛廉 咸池 晦氣	天魁 天福 年解 鳳閣 天傷 天貴 辛亥 疾厄宮 56-65 臨官 喜神 指背 太歲

圖二：十二地支方盤

圖三：順數逆數前後五年

己巳 1989	庚午 1990	辛未 1991	壬申 1992
辰			癸酉 1993
己卯 1999		逆行↑ 順行↓	甲戌 1994
戊寅 1998	丁丑 1997	丙子 1996	乙亥 1995

圖四：逆數十年即順數兩宮

1989 己巳	1990 庚午	1991 辛未	1992 壬申
1988 戊辰		↑ 逆	1993 癸酉
1987 丁卯			
1986 丙寅	1985 乙丑	1984 甲子	1983 癸亥

圖五：十年前干支

癸巳 1953	午	癸未 1943	申
辰	1天干相同 2順行兩宮，得十年前歲次干支		順行↓ 癸酉 1993
癸卯 1963			
寅	癸丑 1973	子	癸亥 1983

圖六：十年後干支

巳	2014 甲午	未	2004 甲申
2024 甲辰	1天干相同 2逆行兩宮，得十年後歲次干支		酉
卯			逆行↑ 1994 甲戌
2034 甲寅	丑	2044 甲子	亥

圖七：生肖相同年份的干支

巳	午	丁未 1967 己未 1979 辛未 1991	申
辰	1地支相同 2順行兩干，得十二年後歲次干支 3逆行兩干，得十二年前歲次干支		酉
卯			戌
寅	丑	子	乙亥 1935 癸亥 1923 辛亥 1911

圖八：蔣中正甲辰大運流盤

△陀羅 地劫 天馬 地空 （運昌） 貪狼 廉貞 祿 父母宮 巳	祿存 巨門 忌 福德宮 午	△擎羊 （運鉞） 天相 田宅宮 未	天同 權 天梁 事業宮 申
文昌 △鈴星 太陰 祿 命宮 甲辰	陰男 蔣中正 甲辰大運流盤 一八九二壬辰至一九〇一辛丑 六至十五歲		天鉞 （運曲） 武曲 科 七殺 交友宮 己酉
△火星 △（運羊） 天府 兄弟宮 卯			文曲 太陽 忌 遷移宮 戌
右弼 （運祿） （運馬） 夫妻宮 寅	△（運陀） （運魁） 破軍 權 紫微 子女宮 丑	左輔 天機 科 財帛宮 子	天魁 疾厄宮 亥

圖九：蔣中正癸卯大運流盤

巳 福德宮 △陀羅 地劫 天馬 地空 （運鉞）（運馬） 貪狼(忌) 廉貞	午 田宅宮 祿存 巨門(忌)(權)	未 事業宮 △擎羊 天相	申 交友宮 天同(權) 天梁
辰 父母宮 文昌 △鈴星 太陰(祿)(科)	陰男 蔣中正 癸卯大運流盤 一九〇二壬寅至一九一一辛亥 十六至二十五歲		酉 遷移宮 天鉞 武曲 七殺
癸卯 命宮 △火星 （運魁） （運昌） 天府			戌 疾厄宮 文曲 太陽
寅 兄弟宮 右弼	丑 夫妻宮 △（運羊） 破軍(祿) 紫微	子 子女宮 左輔 （運祿） 天機(科)	亥 財帛宮 天魁 （運曲） △（運陀）

圖十：蔣中正壬寅大運流盤

△陀羅 地劫 天馬 地空 （運鉞） 貪狼 廉貞 巳 田宅宮	祿存 巨門 忌 權 午 事業宮	△擎羊 天相 未 交友宮	（運馬） 天同 權 天梁 祿 申 遷移宮
文昌 △鈴星 太陰 祿 辰 福德宮	陰男 蔣中正 壬寅大運流盤 一九一二壬子至一九二一辛酉 二十六至三十五歲		天鉞 武曲 七殺 忌 酉 疾厄宮
△火星 （運魁） 天府 科 卯 父母宮			文曲 △（運陀） 太陽 戌 財帛宮
右弼 （運昌） 壬寅 命宮	破軍 紫微 權 丑 兄弟宮	左輔 △（運羊） （運曲） 天機 科 子 夫妻宮	天魁 （運祿） 亥 子女宮

圖十一：蔣中正癸丑大運流盤

△陀羅 地劫 天馬 地空 （運鉞） 貪狼 忌 廉貞 事業宮 巳	祿存 巨門 忌 權 交友宮 午	△擎羊 天相 遷移宮 未	天同 權 天梁 疾厄宮 申
△文昌 鈴星 太陰 祿 科 田宅宮 辰	陰男 蔣中正 癸丑大運流盤 一九二二壬戌至一九三一辛未 三十六至四十五歲		天鉞 武曲 七殺 財帛宮 酉
△火星 （運魁） （運昌） 天府 福德宮 卯			文曲 太陽 子女宮 戌
右弼 父母宮 寅	△（運羊） 破軍 祿 紫微 命宮 癸丑	左輔 （運祿） 天機 科 兄弟宮 子	天魁 （運曲）（運馬） △（運陀） 夫妻宮 亥

圖十二：蔣中正壬子大運流盤

△陀羅 地劫 天馬 地空 （運鉞） 貪狼 廉貞 交友宮 巳	祿存 巨門 忌 遷移宮 午	△擎羊 天相 疾厄宮 未	天同 權 天梁 祿 財帛宮 申
文昌 △鈴星 太陰 祿 事業宮 辰	陰男 蔣中正 壬子大運流盤 一九三二壬申至一九四一辛巳 四十六至五十五歲		天鉞 武曲 忌 七殺 子女宮 酉
△火星 （運魁） 天府 科 田宅宮 卯			文曲 △（運陀） 太陽 夫妻宮 戌
右弼 （運昌） （運馬） 福德宮 寅	破軍 紫微 權 兄弟宮 丑	左輔 △（運羊） （運曲） 天機 科 命宮 壬子	天魁 （運祿） 兄弟宮 亥

圖十三：蔣中正辛亥大運流盤

△陀羅 地劫 天馬 地空 (運馬) 貪狼 廉貞 遷移宮 巳	祿存 (運魁) 巨門忌⃝祿⃝ 疾厄宮 午	△擎羊 天相 財帛宮 未	△(運陀) 天同權⃝ 天梁 子女宮 申
文昌忌⃝ △鈴星 太陰祿⃝ 交友宮 辰	陰男　蔣中正 辛亥大運流盤 一九四二壬午至一九五一辛卯 五十六至六十五歲		天鉞 (運祿) 武曲 七殺 夫妻宮 酉
△火星 天府 事業宮 卯			文曲科⃝ △(運羊) 太陽權⃝ 兄弟宮 戌
右弼 (運鉞) (運曲) 田宅宮 寅	破軍 紫微 福德宮 丑	左輔 (運昌) 天機科⃝ 父母宮 子	天魁 辛亥 命宮

圖十四：蔣中正庚戌大運流盤

貪狼 廉貞 △陀羅 地劫 天馬 地空 疾厄宮 巳	巨門㊁ 祿存 財帛宮 午	天相 △擎羊 （運鉞） △（運陀） 子女宮 未	天同㊀㊁ 天梁 （運祿） （運馬） 夫妻宮 申
太陰㊂ 文昌 △鈴星 遷移宮 辰	陰男 蔣中正 庚戌大運流盤 一九五二壬辰至一九六一辛丑 六十六至七十五歲		武曲㊀ 七殺 天鉞 △運羊 兄弟宮 酉
天府㊃ △火星 （運曲） 交友宮 卯			太陽㊂ 文曲 命宮 庚戌
右弼 事業宮 寅	破軍 紫微 （運魁） 田宅宮 丑	天機㊃ 左輔 福德宮 子	天魁 （運昌） 父母宮 亥

（㊂＝祿，㊀＝權，㊃＝科，㊁＝忌）

圖十五：蔣中正己酉大運流盤

△陀羅 地劫 天馬 地空 △（運陀）（運曲） 貪狼 ㊡ 廉貞 疾厄宮 巳	祿存 （運祿） 巨門 ㊂ 子女宮 午	△擎羊 △（運羊） 天相 夫妻宮 未	（運鉞） 天同 ㊡ 天梁 ㊫ 兄弟宮 申
文昌 △鈴星 太陰 ㊭ 疾厄宮 辰	陰男 蔣中正 己酉大運流盤 一九六二壬寅至一九七一辛亥 七十六至八十五歲		天鉞 （運昌） 武曲 ㊭ 七殺 命宮 己酉
△火星 天府 遷移宮 卯			文曲 ㊂ 太陽 父母宮 戌
右弼 交友宮 寅	破軍 紫微 事業宮 丑	左輔 （運魁） 天機 ㊫ 田宅宮 子	天魁 （運馬） 福德宮 亥

圖十六：蔣中正戊申大運流盤

△陀羅 地劫 天馬 地空 （運祿） 貪狼 祿 廉貞 天巫 子女宮 巳	祿存 （運曲） △（運羊） 巨門 忌 夫妻宮 午	△擎羊 （運鉞） 天相 兄弟宮 未	（運昌） 天同 權 天梁 命宮 戊申
文昌 △鈴星 △（運陀） 太陰 祿 權 財帛宮 辰	陰男　蔣中正 戊申大運流盤 一九七二壬子至一九八一辛酉 八十六至九十五歲		天鉞 武曲 七殺 父母宮 酉
△火星 天府 疾厄宮 卯			文曲 忌 太陽 科 福德宮 戌
右弼 遷移宮 寅	（運魁） 破軍 紫微 交友宮 丑	左輔 天機 科 忌 事業宮 子	天魁 田宅宮 亥

圖十七：蔣中正甲辰大運流年一覽

<table>
<tr>
<td>△陀羅 地劫
天馬 地空
（運昌）
貪狼
廉貞㊗
1893
七歲
癸巳</td>
<td>祿存
巨門㊟
1894
八歲
甲午</td>
<td>△擎羊
（運鉞）
天相
1895
九歲
乙未</td>
<td>天同㊌
天梁
1896
十歲
丙申</td>
</tr>
<tr>
<td>文昌
△鈴星
太陰㊗
1892
六歲
壬辰</td>
<td colspan="2" rowspan="2">陰男　蔣中正
甲辰大運流年一覽
一八九二壬辰至一九〇一辛丑
六至十五歲</td>
<td>天鉞
（運曲）
武曲㊍
七殺
1897
十一歲
丁酉</td>
</tr>
<tr>
<td>△火星
△（運羊）
天府
卯</td>
<td>文曲
太陽㊟
1898
十二歲
戊戌</td>
</tr>
<tr>
<td>右弼
（運祿）
（運馬）
寅</td>
<td>△（運陀）
（運魁）
破軍㊌
紫微
1901
十五歲
辛丑</td>
<td>左輔
天機㊍
1900
十四歲
庚子</td>
<td>天魁
1899
十三歲
己亥</td>
</tr>
</table>

圖十八：蔣中正一八九五年乙未流盤

巳	祿存 年昌 巨門㊣忌 午	△擎羊 （運鉞） 天相 乙未 命宮	（年曲）（年鉞） 天同㊣權 天梁 父母宮 申
文昌 △鈴星 △（年羊） 太陰㊣祿 ㊣忌 辰	陰男 蔣中正 甲辰大運乙未流年流盤 一八九五 九歲		酉
卯			文曲 太陽 ㊣忌 田宅宮 戌
右弼 （運祿）（運馬） △（年陀） 寅	丑	左輔 （年魁） 天機㊣科 ㊣祿 子	亥

圖十九：蔣中正一九〇五乙巳流盤

△陀羅 地劫 天馬 地空 (運鉞)(運馬) 貪狼 忌 廉貞 命宮 巳	祿存 (年昌) 巨門 忌 權 午	△擎羊 天相 福德宮 未	天同 權 天梁 權 申
辰	陰男 蔣中正 癸卯大運乙巳流年流盤 一九〇五 十九歲		酉
△火星 (運魁) (運昌)(年祿) 天府 卯			戌
右弼 △(年陀) 寅	△(運羊) 破軍 祿 紫微 科 丑	左輔 (運祿) (年魁) 天機 科 祿 子	天魁 (運曲) △(運陀) (年馬) 亥

圖二十：蔣中正一九一六年丙寅流盤

△陀羅 地劫 天馬 地空 （運鉞） 貪狼 廉貞 忌 （年祿） （年鉞） 父母宮 巳	午	未	（運馬） （年昌） 天同 權 祿 天梁 祿 申
文昌 科 △鈴星 △（年陀） 太陰 祿 命宮 丙辰	陰男　蔣中正 壬寅大運丙辰流年流盤 一九一六 三十歲		天鉞 武曲 忌 七殺 酉
卯			文曲 △（運陀） 太陽 戌
寅	破軍 紫微 權 丑	左輔 △（運羊） （運曲） 天機 科 權 子	天魁 （運祿） 亥

圖二十一：蔣中正一九二二年壬戌流盤

（運鉞）（年鉞） 巳	祿存 巨門(忌)(權) 午	未	（年馬） 天同(權) 天梁(祿) 申
文昌 △鈴星 太陰(祿)(科) 辰	陰男 蔣中正 癸丑大運壬戌流年流盤 一九二二 三十六歲		天鉞 酉
（運魁）（年魁） 卯			文曲 △（年陀） 太陽 壬戌 命宮
右弼 寅	丑	子	天魁 亥

圖二十二：蔣中正一九二四年甲子流盤

<table>
<tr><td>△陀羅 地劫
天馬 地空
（運鉞）（年昌）
貪狼 (忌)
廉貞 (祿)
巳</td><td>祿存
巨門 (忌)(權)
午</td><td>△擎羊
（年鉞）
天相
未</td><td>天同 (權)
天梁
申</td></tr>
<tr><td>文昌
△鈴星
太陰 (祿)(科)
辰</td><td colspan="2" rowspan="2">陰男　蔣中正
癸丑大運甲子流年流盤
一九二四
三十八歲</td><td>天鉞
（年曲）
武曲 (科)
七殺
酉</td></tr>
<tr><td>卯</td><td>戌</td></tr>
<tr><td>寅</td><td>△（運羊）
（年魁）
△（年陀）
破軍 (祿)(權)
紫微
丑 父母宮</td><td>左輔
（運祿）
天機 (科)
甲子 命宮</td><td>亥</td></tr>
</table>

圖二十三：蔣中正一九二五年乙丑流盤

△陀羅 地劫 天馬 地空 （運鉞） 貪狼(忌) 廉貞 巳	祿存 （年昌） 巨門(忌)(權) 午	△擎羊 天相 未	（年曲） （年鉞） 天同(權) 天梁(權) 申
文昌 △鈴星 太陰(祿)(科)(忌) 辰	陰男　蔣中正 癸丑大運乙丑流年流盤 一九二五 三十九歲		天鉞 武曲 七殺 酉
卯			戌
右弼 寅	△（運羊） 破軍(祿) 紫微(科) 乙丑 命宮	左輔 （運祿） （年魁） 天機(科)(祿) 兄弟宮 子	亥

圖二十四：蔣中正一九二六年丙寅流盤

巳	祿存 (年曲) △(年羊) 巨門(忌)(權) 午	未	(年昌) (年馬) 天同(權)(祿) 天梁 申
文昌(科) △鈴星 太陰(祿)(科) 紅鸞 福德宮 辰	陰男 蔣中正 癸丑大運丙寅流年流盤 一九二六年 四十歲		酉
卯			文曲 太陽 天喜 戌
右弼 命宮 丙寅	丑	左輔 (運祿) 天機(科)(權) 夫妻宮 子	亥

圖二十五：蔣中正一九二七年丁卯流盤

△陀羅 地劫 天馬 地空 （運鉞）（年曲） 貪狼 忌 廉貞 △（年陀）（年馬） 恩光 巳	祿存 （年祿） 巨門 忌 權 忌 午	△擎羊 △（年羊） 天相 未	天同 權 權 天梁 申
文昌 △鈴星 太陰 祿 科 祿 辰	陰男 蔣中正 癸丑大運丁卯流年流盤 一九二七 四十一歲		天鉞 （年鉞） （年昌） 武曲 七殺 酉
△火星 （運魁） （運昌） 天府 龍池 天壽 丁卯 命宮			戌
右弼 寅	△（運羊） 破軍 祿 紫微 夫妻宮 丑	子	天魁 （運曲） （運馬） △（運陀） （年魁） 天貴 鳳閣 天福 亥

圖二十六：蔣中正一九二八年戊辰流盤

（運鉞） 巳	祿存 △（年羊） 巨門【忌】【權】 午	未	天同【權】 天梁 申
文昌 △鈴星 △（年陀） 太陰【祿】【科】【權】 戊辰 命宮	陰男 蔣中正 癸丑大運戊辰流年流盤 一九二八 四十二歲	〃	天鉞 酉
（運魁） 卯	〃	〃	文曲 太陽【科】 戌
右弼 （年馬） 寅	丑	左輔 （運祿） 天機【科】【忌】 子	天魁 亥

圖二十七：蔣中正一九二九年己巳流盤

己巳 命宮 △陀羅 地劫 天馬 地空 （運鉞） 貪狼 忌 廉貞 △（年陀） （年曲）	午 祿存 （年祿） 巨門 忌 權	未	申 田宅宮 天同 權 天梁 科
辰 文昌 △鈴星 太陰 祿 科	陰男　蔣中正 癸丑大運己巳流年流盤 一九二九 四十三歲		酉 天鉞 （年昌） 武曲 祿 七殺
卯			戌 交友宮 文曲 忌 太陽
寅 右弼	丑 △（運羊） 破軍 祿 紫微	子 左輔 （運祿） 天機 科	亥 天魁 （運曲）（運馬） △（運陀）（年馬）

圖二十八：蔣中正一九三〇年庚午流盤

巳	午	未	申
△陀羅 地劫 天馬 地空 （運鉞） 貪狼 忌 廉貞 兄弟宮 巳	祿存 巨門 忌 權 庚午 命宮	△擎羊 △（年陀） （年鉞） 天相 未	（年祿） （年馬） 天同 權 忌 天梁 福德宮 申
文昌 △鈴星 太陰 祿 科 辰	陰男 蔣中正 癸丑大運庚午流年流盤 一九三〇 四十四歲	陰男 蔣中正 癸丑大運庚午流年流盤 一九三〇 四十四歲	天鉞 （年羊） 武曲 權 七殺 田宅宮 酉
△火星 （運魁） （運昌） 天府 科 卯	陰男 蔣中正 癸丑大運庚午流年流盤 一九三〇 四十四歲	陰男 蔣中正 癸丑大運庚午流年流盤 一九三〇 四十四歲	文曲 太陽 祿 戌
右弼 （年曲） 寅	△（運羊） （年魁） 破軍 祿 紫微 丑	左輔 （運祿） 天機 科 子	天魁 （運曲）（運馬） △（運陀）（年昌） 亥

圖二十九：蔣中正癸九三一年辛未流盤

△陀羅 地劫 天馬 地空 （運鉞）（年馬） 貪狼(忌) 廉貞 巳	祿存 （年魁） 巨門(忌)(權)(祿) 午	△擎羊 天相 辛未 命宮 未	△（年陀） 天同(權) 天梁 申
文昌(忌) △鈴星 太陰(祿)(科) 辰	陰男 蔣中正 癸丑大運辛未流年流盤 一九三一 四十五歲		天鉞 武曲 七殺 酉
△火星 （運魁） （運昌） 天府 卯			文曲(科) △（年羊） 太陽(權) 田宅宮 戌
右弼 （年鉞） （年曲） 寅	△（運羊） 破軍(祿) 紫微 丑	子	天魁 （運曲）（運馬） △（運陀） 亥

圖三十：蔣中正一九三四年甲戌流盤

△陀羅 地劫 天馬 地空 (運鉞)(年馬) 貪狼 廉貞 巳	祿存 巨門(忌) 午	△擎羊 (年鉞) 天相 未	(年馬) 天同(權) 天梁(祿) 申
文昌 △鈴星 太陰(祿) 辰	陰男 蔣中正 壬子大運甲戌流盤 一九三四 四十八歲		天鉞 (年曲) 武曲(忌)(科) 七殺 酉
卯			文曲 △(運陀) 太陽(忌) 甲戌 命宮
右弼 (運昌) (運馬)(年祿) 寅	△(年陀) (年魁) 破軍(權) 紫微(權) 田宅宮 丑	左輔 子	亥

圖三十一：蔣中正一九三六年丙子流盤

<table>
<tr>
<td>巳
△陀羅 地劫
天馬 地空
交友宮
（運鉞）
貪狼
廉貞
（年祿）
（年鉞）</td>
<td>午
祿存
（年曲）
△（年羊）
巨門（忌）（權）</td>
<td>未
△擎羊
天相</td>
<td>申
（年昌）
天同（權）（祿）
天梁（祿）</td>
</tr>
<tr>
<td>辰
文昌（科）
△鈴星
△（年陀）
太陰（祿）</td>
<td colspan="2" rowspan="2">陰男　蔣中正
壬子大運丙子流年流盤
一九三六
五十歲</td>
<td>酉
天鉞
（年鉞）
武曲（忌）
七殺</td>
</tr>
<tr>
<td>卯
△火星
（運魁）
天府（科）</td>
<td>戌
△文曲
（運陀）
太陽</td>
</tr>
<tr>
<td>寅
右弼
（運昌）
（運馬）（年馬）</td>
<td>丑
破軍
紫微（權）</td>
<td>丙子
命宮
左輔
△（運羊）
（運曲）
天機（科）（權）</td>
<td>亥
天魁
兄弟宮
（運祿）
（年魁）</td>
</tr>
</table>

圖三十二：蔣中正一九四五年乙酉流盤

<table>
<tr>
<td>△陀羅 地劫
天馬 地空
（運馬）
貪狼
廉貞
巳</td>
<td>祿存
（運魁）
（年昌）
巨門【忌】【祿】
午</td>
<td>未</td>
<td>△（運陀）
（年曲）
（年鉞）
天同【權】
天梁 【權】
兄弟宮 申</td>
</tr>
<tr>
<td>文昌 【忌】
△鈴星
△（年羊）
太陰【祿】 【忌】
辰</td>
<td colspan="2" rowspan="2">陰男　蔣中正
辛亥大運乙酉流年流盤
一九四五
五十九歲</td>
<td>天鉞
（運祿）
武曲
七殺
命宮 乙酉</td>
</tr>
<tr>
<td>△火星
（年祿）
天府
卯</td>
<td>文曲【科】
△（運羊）
太陽 【權】
父母宮 戌</td>
</tr>
<tr>
<td>右弼
（運鉞）（運曲）
△（年陀）
交友宮 寅</td>
<td>破軍
紫微 【科】
丑</td>
<td>左輔
（運昌）
（年魁）
天機【科】 【祿】
田宅宮 子</td>
<td>亥</td>
</tr>
</table>

圖三十三：蔣中正一九四六年丙戌流盤

△陀羅 地劫 天馬 地空 （運馬）（年祿） 貪狼 廉貞【忌】 巳	祿存 （運魁）（年曲） △（年羊） 巨門【忌】【祿】 午	△擎羊 天相 未	△（運陀） （年昌） （年馬） 天同【權】【祿】 天梁 申
文昌【科】【忌】 △鈴星 △（年陀） 太陰【祿】 辰	陰男　蔣中正 辛亥大運丙戌流年流盤 一九四六 六十歲		天鉞 （運祿） （年鉞） 武曲 七殺 兄弟宮 酉
△火星 天府 交友宮 卯			文曲【科】 △（運羊） 太陽【權】 命宮 丙戌
右弼 （運鉞） （運曲） 寅	破軍 紫微 丑	左輔 （運昌） 天機【科】【權】 福德宮 壬子	亥

圖三十四：蔣中正一九四七年丁亥流盤

△陀羅 地劫 天馬 地空 （運馬） 貪狼 廉貞 △（年陀） （年馬） 巳	祿存 （運魁） （年祿） 巨門〔忌〕〔祿〕〔忌〕 午	△擎羊 △（年羊） 天相 未	△（運陀） 天同〔權〕〔權〕 天梁 申
文昌〔忌〕 △鈴星 太陰〔祿〕〔祿〕 交友宮 辰	陰男 蔣中正 辛亥大運丁亥流年流盤 一九四七 六十一歲		天鉞 （運祿） （年鉞）（年昌） 武曲 七殺 酉
△火星 天府 卯			文曲〔科〕 △（運羊） 太陽〔權〕 兄弟宮 戌
右弼 （運鉞） （運曲） 田宅宮 寅	破軍 紫微 福德宮 丑	左輔 （運昌） 天機〔科〕〔科〕 子	天魁 （年魁） 命宮 丁亥

圖三十五：蔣中正一九四八年戊子流盤

△陀羅 地劫 天馬 地空 (運馬)(年祿) 貪狼【祿】 廉貞 交友宮 巳	祿存 (運魁)(年曲) △(年羊) 巨門【忌】【祿】 午	△擎羊 (年鉞) 天相 未	△(運陀) (年昌) 天同【權】 天梁 申
文昌【忌】 △鈴星 △(年陀) 太陰【祿】【權】 辰	陰男 蔣中正 辛亥大運戊子流年流盤 一九四八 六十二歲		天鉞 (運祿) 武曲 七殺 酉
△火星 天府 卯			文曲【科】 △(運羊) 太陽【權】【科】 戌
右弼 (運鉞)(運曲) (年馬) 福德宮 寅	(年魁) 破軍 紫微 丑	左輔 (運昌) 天機【科】【忌】 戊子 命宮	天魁 兄弟宮 亥

圖三十六：蔣中正一九四九年己丑流盤

△陀羅 地劫 天馬 地空 （運馬） 貪狼 廉貞 △（年陀） （年馬） 巳	祿存 （運魁） （年祿） 巨門忌祿 交友宮 午	△擎羊 △（年羊） 天相 未	△（運陀） （年鉞） 天同權 天梁科 申
文昌忌 △鈴星 太陰祿 田宅宮 辰	陰男 蔣中正 辛亥大運己丑流年流盤 一九四九 六十三歲		天鉞 （運祿） （年曲） 武曲 七殺 酉
△火星 天府 卯			文曲科忌 △（運羊） 太陽權 戌
右弼 （運鉞） （運曲） 寅	破軍 紫微 己丑 命宮	左輔 （運昌） （年魁） 天機科 兄弟宮 子	天魁 亥

圖三十七：蔣中正一九五五年乙未流盤

<table>
<tr>
<td>△陀羅 地劫
天馬 地空
（年馬）
貪狼
廉貞
巳</td>
<td>祿存
（年昌）
巨門(忌)
午</td>
<td>△擎羊
（運鉞）
△（運陀）
天相
乙未
命宮</td>
<td>（運祿）
（運馬）
（年曲）（年鉞）
天同(權)(忌)
天梁 (權)
申</td>
</tr>
<tr>
<td>文昌
△鈴星
△（年羊）
太陰(祿) (忌)
辰</td>
<td colspan="2" rowspan="2">陰男　蔣中正
庚戌大運乙未流年流盤
一九五五
六十九歲</td>
<td>酉</td>
</tr>
<tr>
<td>△火星
（運曲）
（年祿）
天府 (科)
卯</td>
<td>戌</td>
</tr>
<tr>
<td>寅</td>
<td>（運魁）
破軍
紫微 (科)
丑</td>
<td>左輔
（年魁）
天機(科) (祿)
子
交友宮</td>
<td>天魁
（運昌）
亥</td>
</tr>
</table>

圖三十八：蔣中正一九七一年辛亥流盤

△陀羅 地劫 天馬 地空 △(運陀)(運曲) 貪狼［權］ 廉貞 巳	祿存 (運祿) (年魁) 巨門［忌］［祿］ 午	△擎羊 △(運羊) 天相 未	(運鉞) △(年陀) 天同［權］ 天梁［科］ 申
文昌［忌］ △鈴星 太陰［祿］ 辰	陰男 蔣中正 己酉大運辛亥流年流盤 一九七一 八十五歲		酉
△火星 天府 卯			文曲［忌］［科］ △(年羊) 太陽［權］ 戌
右弼 (年鉞) (年曲) 寅 田宅宮	丑	子	天魁 (運馬) 辛亥 命宮

圖三十九：蔣中正一九七四年甲寅流盤

△陀羅 地劫 天馬 地空 （運祿） 貪狼 (祿) 廉貞 (祿) 天巫 巳	午	△擎羊 （運鉞） （年鉞） 天相 未	申
辰	陰男 蔣中正 戊申大運甲寅流年流盤 一九七四 八十八歲		酉
△火星 △（年羊） 天府 卯			戌
右弼 甲寅 命宮	丑	子	天魁 亥 子女宮

圖四十：蔣中正一七七五年乙卯流盤

△陀羅 地劫 天馬 地空 （運祿） 貪狼（祿） 廉貞 天巫 巳	祿存 △（運曲） （運羊） 巨門（忌） 午	△擎羊 （運鉞） 天相 未	（運昌） （年曲） 天同（權） 天梁（權） 交友宮 戊
文昌 △鈴星 △（運陀） △（年羊） 太陰（祿）（權）（忌） 辰	陰男 蔣中正 戊申大運乙卯流年流盤 一九七五 八十九歲		天鉞 武曲 七殺 酉
△火星 （年祿） 天府 乙卯 命宮			文曲（忌） 太陽（科） 疾厄宮 戌
右弼 △（年陀） 寅	丑	左輔 （年魁） 天機（科）（忌）（祿） 子	天魁 亥

圖四十一：一八八六年丙戌某造

<table>
<tr>
<td>貪狼 廉貞(忌)
祿存 地空 地劫
大耗 紅鸞 天官
截空 天刑 天巫
12-21 絕
父母宮 癸巳
博士 亡神 龍德</td>
<td>巨門
△擎羊
旬空
22-31 胎
福德宮 甲午
息神 龍德 博士</td>
<td>天相
△火星
旬空 寡宿
32-41 養
田宅宮 乙未
青龍 天德 攀鞍</td>
<td>天同(祿) 天梁
天馬
天哭 封誥
42-51 長生
事業宮 丙申
小耗 歲驛 吊客</td>
</tr>
<tr>
<td>太陰
文昌(科) △陀羅
一歲
截空 天虛 月解
6-15 墓
命宮 身宮 壬辰
官符 月煞 歲破</td>
<td colspan="2" rowspan="2">丙戌年九月初一午時
陽男　某先生
水二局
命主：祿存
身主：文昌</td>
<td>武曲 七殺
天鉞 △鈴星
天傷 天姚 天貴
52-61 沐浴
交友宮 丁酉
將軍 息神 病符</td>
</tr>
<tr>
<td>天府
月德 咸池 恩光
死
兄弟宮 辛卯
伏兵 咸池 小耗</td>
<td>太陽
文曲
(斗)
陰煞
62-71 冠帶
遷移宮 戊戌
奏書 華蓋 太歲</td>
</tr>
<tr>
<td>右弼
龍池 天才 八座
天壽 天月
病
夫妻宮 庚寅
大耗 指背 官符</td>
<td>破軍 紫微
破碎
衰
子女宮 辛丑
病符 天煞 貫索</td>
<td>天機(權)
左輔
台輔 鳳閣 年解 三台
蜚廉 天廚 天福
82-91 帝旺
財帛宮 庚子
喜神 災煞 喪門</td>
<td>天魁
孤辰 天喜
劫煞 天空
72-81 臨官
疾厄宮 己亥
飛廉 劫煞 晦氣</td>
</tr>
</table>